湖南省"十二五"规划课题
《普通高中教育美术特色学校建设的实践研究》

创新型人才培养

——中学美术课程开发与构建

主　编：李志华

副主编：李叶华　袁　旭

编　委：唐卫平　王正鑫　付鑫琪

　　　　谭　黛　林　子

湖南师范大学出版社

图书在版编目（CIP）数据

创新型人才培养：中学美术课程开发与构建 / 李志华主编 .
–– 长沙：湖南师范大学出版社 , 2015.8
ISBN 978-7-5648-2249-1

Ⅰ . ①创… Ⅱ . ①李… Ⅲ . ①美术课 – 课程建设 – 高中 Ⅳ . ① G633.955.2

中国版本图书馆 CIP 数据核字 (2015) 第 210678 号

创新型人才培养——中学美术课程开发与构建

李志华 主编

策划组稿：欧珊珊

责任编辑：欧珊珊

责任校对：江洪波

装帧设计：莫 彦

出版发行：湖南师范大学出版社

　　　　　地址 / 长沙市岳麓山 邮编 / 410081

　　　　　电话 / 0731-88873071 88873070 传真 / 0731-88872636

　　　　　网址 / http://press.hunnu.edu.cn/

经销：湖南省新华书店

印刷：湖南天闻新华印务邵阳有限公司

开本：185mm×260mm 16 开

印张：14

字数：270 千字

版次：2015 年 8 月 1 版 1 次

书号：ISBN 978-7-5648-2249-1

定价：50.00 元

序言

　　美可以明智，美可以启真，美可以扬善。在我们的基础教育体系中，美术教育有其独特的教育价值，这些价值是构成学生基本素质的重要部分。通过良好的美术教育或者充分利用美术教育，我们可以帮助学生们更好地感受生活，创造生活。适应人才发展的规律，与时俱进地推动与现代教育相吻合的艺术教育，给学生一双可以寻找美的眼睛，一条可以健康成长的道路，让学生的个性得到充分发展，是我们现代教育工作者的责任。

　　株洲市第十八中学作为湖南省美术特色实验学校、三湘名校、全国书法教育实验学校、株洲市美术学科基地、美术课程改革基地，以"臻和至美"为办学理念，以课程引领教学。通过多年的努力，学校美术模块教学深入人心，高考教学硕果累累，校园处处充满艺术氛围，美术特色逐步得以彰显，以迅猛发展之势，引领湖南，走向全国。

　　三年前，株洲市教育局针对当时株洲教育高中学段课程单一、教学资源分散、精品课程匮乏等不利于创新人才培养的实际情况，提出创新教育机制，丰富教育格局。经过层层遴选，在全市四所有实力的学校创办了四个创新项目班。株洲市第十八中学高中美术课程创新项目便是其一。"筚路蓝缕，以启山林。"学校美术团队，在李志华同志的带领下以求实之精神，刻苦钻研，不断总结，以期推陈出新。这里结集出版的是株洲市第十八中学首届美术课程创新项目三年来的教学成果，凝结着老师们的心血和同学们的心智。作品中灵动的色彩、流畅的线条、精致的用笔、鲜活的场景更是我们学生在特色课程引领下所取得的经验与成绩的体现。

　　让我们共同分享美术教育的喜悦，为学生们的茁壮成长喝彩！

株洲市第十八中学 校长 李国柱

2015 年 5 月

CHUANGXINXING
RENCAI PEIYANG
创新型人才培养

目 录

绪 论

（三十一）更新人才培养观念。深化教育体制改革，关键是更新教育观念，核心是改革人才培养体制，目的是提高人才培养水平。树立全面发展观念，努力造就德智体美全面发展的高素质人才。树立人人成才观念，面向全体学生，促进学生成长成才。树立多样化人才观念，尊重个人选择，鼓励个性发展，不拘一格培养人才。树立终身学习观念，为持续发展奠定基础。树立系统培养观念，推进大中小学有机衔接，教学、科研、实践紧密结合，学校、家庭、社会密切配合，加强学校之间、校企之间、学校与科研机构之间合作以及中外合作等多种联合培养方式，形成体系开放、机制灵活、渠道互通、选择多样的人才培养体制。

（三十二）创新人才培养模式。适应国家和社会发展需要，遵循教育规律和人才成长规律，深化教育教学改革，创新教育教学方法，探索多种培养方式，形成各类人才辈出、拔尖创新人才不断涌现的局面。

——摘自《国家中长期教育改革和发展规划纲要（2010—2020 年）》

一、学科创新型人才概念的提出

所谓创新型人才，是指能够孕育出新观念，并能将其付诸实施、取得新成果的人。教育工作者在培养创新型人才的过程中，达成了广泛的共识：反对通过死记硬背去学习基础知识，强调在理解基础上的全面掌握；培养技能以避免机械照搬；注重保护学生的好奇心和想象力，允许质疑和批评、鼓励学生挖掘潜力和努力创新。

目前，我们的教育还不能适应社会发展的要求，不能适应国家对人才培养的要求，还存在许多令人痛心疾首的问题。钱学森的世纪之问"为什么我们的学校总是培养不出杰出人才"敲响了中国教育的警钟。这是一道教育的深刻命题，需要整个教育界乃至社会各界去共同破解。

学科创新型人才的培养即学校面向全体学生，创造适合每个学生的教育，在不影响正常教学秩序的前提下，为部分在某学科有天分、特质的学生提供更适合他们的学习条件，其核心是因材施教。

现阶段中小学美术教育的现状令人担忧。一是学生个体方面的表现，"小学喜欢画，初中还想画，高中不画了"。二是表现在办学层面，公办学校的艺术课堂冷冷清清，应付了事；民办培训却风生水起，市场巨大。三是艺考应试化倾向严重，"考前强化，考后不画"。四是艺术生就业市场广阔，但胜任者寥寥。

这种现状的问题出在学科选材的方式不完善，学科课程的体系不科学，学科评价的机制不先进。提出学科创新型人才的选拔与培养，其意义在于纠正当下美术教育的乱象，让真正有美术天分的学生的潜能得到充分挖掘，使其成为美术领域的创新型人才。

二、学科创新型人才的选拔

美国哈佛大学心理学教授霍华德·加德纳通过研究，认为人的基本智能可分为八种类型，即语言智能、逻辑数理智能、音乐智能、空间智能、运动智能、人际关系智能、自我认知智能和自然认知智能。但是，开始时它们并不是时刻都能被学生体现出来的。因此，这就需要教育者注意观察并发现学生在哪方面表现突出，从而挖掘出他的优势智力并适时地加以引导，并采取相应的课程与教育学习方法，培养学生的优势智力，使其成为某领域的拔尖型人才。

美术学科创新型人才的表现特征有显性与隐性两种。显性特征：从小学画画，兴趣浓厚，形体感受好，有基础。隐性特征：没有接触美术，但动作协调能力强，文化素养优秀。美术学科创新型人才的选拔可以采用以下三种形式。

（一）推荐考察式

初中学生在美术方面有基础，感兴趣，有特长的可由执教老师直接推荐，并经高中专业教师考察面试，直接招录，深度培养。

（二）过程发现式

高中专业教师发现某学生具有美术潜质，进而把其作为优长型人才培养，通过2—3

周的过程观察，发现学生能准确感知视觉空间及周围一切事物，并且能把所感觉到的形象以图画的形式表现出来，对色彩、线条、形状、形式、空间关系很敏感的，可以直接招录，深度培养。

（三）命题考试式

通过自主命题，对学生进行基本功与素质测试，发现有美术方面能力的学生直接招录，深度培养。命题方向包括语言素养（100分）、数理逻辑能力（100分）和美术素养（100分）。

三、学科创新型人才的培养

学校教育的核心主题是解决好培养什么人，怎样培养人的问题；核心任务是开发优质课程，提升人才培育的服务质量。

当下部分学校教育因为不深入理解"面向全体"的教育指导方针，容易接受"一般型人才培养模式"，不太接受"学科创新型人才的模式"，千篇一律，千人一面，使得在某一方面有潜质、有优长的学生得不到深度发展。其实，正是因为要"面向全体"，学科创新型人才的培养模式才更值得学校重视。那么，如何培养学科创新型人才呢？

（一）营造学科创新型人才的学习氛围

艺术不能量化，除了学习"技巧"外，更重要的是用心感悟，只有"技艺合一"，当艺术跟生活密不可分，跟每一个人相关联的时候，才会在社会上形成一种艺术氛围。在这种氛围下，才会有出现艺术大师的希望。如同高水平足球队一定产生在高水平的观众环境下一样，高水平艺术家一定产生在艺术氛围浓厚的环境之中。

在家庭、在学校、在社会营造美术氛围，经常开展一些美术交流、展览、采风、创作等活动，摆脱功利主义的纠缠，营造一种热爱美术的社会风气，使美术真正走进学生的生活与心灵，让生活变得更加美好而富有情趣，这样才能诱发出一些对美术有好感、有特质、有追求的学生参与到美术学科的学习中。同时，好的艺术教育氛围，也是全体学生素质提升的教育环境。"抓住了牛鼻子，不怕牛不跑。"

（二）学科创新型人才培养与一般型人才培养模式的区别

学科创新型人才培养模式以优长学科的优势发展，带动学生素质全面发展，形成学有优长，人尽其才，才尽其用的人才培养模式。它从优长学科出发，带动其他学科的学习，形成个体能力，在学科与学科之间的交叉渗透和融合中是以大带小的过程。注意周边学科的同步发展，才能真正形成能力链接。在这种课程模式下学生容易认识到自我的长处，扬长避短。

一般型人才培养模式面向全体学生，是以同样的课程，同样的评价方式，一把尺子量到底的培养模式。由于各学科在对同一个学生个体的培养过程中，缺乏集体配合的意识，教学计划得不到应有的贯彻落实，不利于学生和谐、全面、深度的发展。学科与学科相持不下，都不能往深度发展，浅尝辄止，导致学生在浅层次重复，容易造成教育资源浪费和学习效率不高等现象。

执行创新型人才培养模式，教师必须跳出学科本位的自我封闭的认识圈子，树立整体、综合的素质教育课程观，在学科之间相互交叉渗透与融合的关联中把握教学。不能以学科为本位，要认识到每个学生的优长、特质，尊重学生主体实施教育。

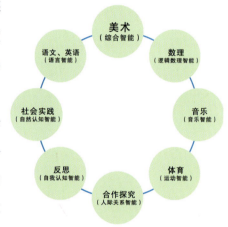

两种人才培养模式应该同样重视，把学习比作一场战争，当军事指挥要完成对一个目标的合围，就必须四面均衡部署兵力；而指挥"突围"，则必须集中优势兵力，选点突出。教育模式也不能一概而论，要视学情来因材施教。

（三）学科创新型人才培养要赏识与严格并重

"赏识教育是一种成人教育，高严教育才是一种成才教育。"在选择教育模式的过程中，要充分考虑受教育者周围的环境，只要人类社会的阶级存在，教育的需求就不会是一个模式的。多数人要以"合格公民"为受教育的主要内容，"赏识"之下产生的一般性人格特征正是构建和谐社会的教育手段之一。而高严教育不同，高标准严要求能铸就卓越，不能"严于律己"的人，如何驾驭人？思想不先进于人的人，不能领袖群伦；思维不灵活、不严谨的人，总会优柔寡断，唯唯诺诺；缺少整理归纳能力的人，不能把事物升华到普遍规律；行动不干脆利落的人，最终会掉在大队伍的后头。创新型人才要依托学科优长型课程的培养才能产生。

（四）学科创新型人才的培养要重视自主学习和学法指导

学科创新型人才与一般型人才培养的主要区别在于：一般型人才的课程学习范围宽，反复次数多；而学科创新型人才的学习从专业课程深度入手，重在思维方法，自主学习能力培养，重视以点带面的方式。

教师要加强对学生的学法指导，如通过"不涂改训练"锻炼学生的自信心与严谨度；通过"限时训练"锻炼学生的速度与统筹能力；利用"归纳与整理的能力训练"提升学生温故而知新的能力。

总之，只有创新人才培养模式，适应社会发展需要，遵循教育规律和人才成长规律，深化教育教学改革，创新教育教学方法，探索多种培养方式，才能形成区域内各类人才辈出、拔尖创新人才不断涌现的局面。

CHUANGXINXING
RENCAI PEIYANG
创新型人才培养

第一章
课程理念

一、美术学科课程理念构建

如图 1-1 所示正圆锥，表示课程宽度。课程安排应遵循先宽后窄的原则，对学科知识体系有了完整理解，再突出重点、难点去学，最终达到对学科文化审美的理解。避免学生在学习过程中长久地"瞎子摸象"，被动吸收。便于知识互生，教学生成。如高一课程应将素描、色彩、速写、设计、创作和鉴赏同步开设。

倒圆锥，表示课程的深度。学生每学一个知识点都应该掌握其重点难点和其在知识体系中的位置。拓展至文化与审美，如几何体教学，是一个很小的知识点，学生应掌握三个层面的知识能力：一是几何体的形体、结构、透视、明暗、空间的表达；二是几何体是整个视觉艺术的一种观察方式，表现元素；三是几何体是一种整体美、结构美的体现。

同时，正圆锥表示知识、技能的传授；倒圆锥表示学生能力的提升。遵循"圆锥互套"课程原理，在教学过程中，学生的专业水平越来越强，眼界越来越高，对于知识迁移运用的能力也随之越来越强，进而形成圆锥互套之势。

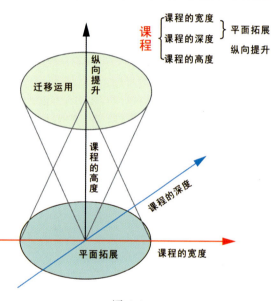

图 1-1

设置教学专业"三维"目标：深度（审美理念深度发展）、宽度（专业知识宽度发展）和高度（专业技能高度发展）。

（1）从设计入手，开展专业教学，以设计理念贯穿整个专业教学，着重培养学生的设计意识，提高学生的审美素养。

（2）重视写生，在教学中加大写生的比重，通过必要的写生教学，培养学生的观察能力和表现能力。

（3）拓展教学内容，丰富教学方式，培养学生持久的专业兴趣与爱好。

二、美术学科课程体系

在探索美术教育的过程中，我们发现只注重向学生传授艺术知识，而忽视审美教学；只注重培训学生专业技能，不激发学生创造力的发展，这样的美术教育都是不完整的。为此，我们构建了"金字塔式"多元化校本特色课程体系。

（一）做宽"塔基"，让所有学生公平地接受美的熏陶

如图 1-2 所示"塔基"是承载"金字塔"的基础部分，主要指面向全体学生普及美术教育的课程。"塔基"类课程主要有三类：第一类是国家课程中的美术必修和选修课程；第二类是校本课程中的美术教育类课程；第三类是凸显美育功能的其他学科课程。在课程的设置上它以全体性、基础性为主要特征。

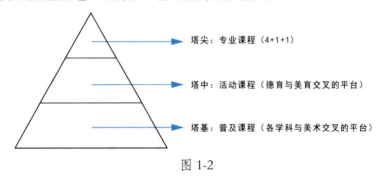

塔尖：专业课程（4+1+1）

塔中：活动课程（德育与美育交叉的平台）

塔基：普及课程（各学科与美术交叉的平台）

图 1-2

学校充分保证课时和师资，开齐开足国家规定的美术必修课程。为扩大对美术的感知与体验，让学校的美术教育骨丰肉实，学校开设了绘画、雕塑、设计等 7 个模块，学生任选 3 个模块选修，修齐 60 课时，给予学分认定；建立模块教师工作室，学生可以自主选择到模块教室进行艺术实践与创作。

学校重视美术教育类校本课程的开发，编写了书法教育、美术作品欣赏、民间文化等校本课程。

对于其他学科课程美育功能的开发，通过有意识地进行教学设计和课堂引导，把美术教育自觉地渗透到学科教学之中，建立起文化学科与美术学科的深度联系。如在语文、数学、历史、英语等文化科目学习中探索用图形图像去阐述或构建学习模型，使文化学习更具有趣味性、生动性和形象性；如让学生感受语文课教学中的文字美、意境美、布局谋篇的结构美，数理化学科中的图形美、严谨美、逻辑美，体育课中的动作示范之美、队形排列之美等。

"塔基"美术教育课程的开设，让每一个学生切实接受美的教育，受到美的熏陶，在学校营造一种全员懂美、全员爱美的浓郁氛围。

（二）做活"塔中"，满足学生追求美的兴趣和技能需要

"塔中"主要是指面向对美术有兴趣或有一定美术技能的学生所开展的活动课程。做活"塔中"就是通过开设灵活多变的学生社团活动、德育文化活动、社会实践活动等各种类型的活动课程，让学生在活动中加深对美的理解和感悟，既满足学生兴趣也增长学生技能。

学校通过承办株洲市"至美"杯中小幼书画摄影比赛，举办长株潭名家笔会，形成美术品牌影响，树立良好的特色办学形象；通过校园书画艺术节和十八中艺术笔会检阅师生书画水平和艺术造诣；通过校内艺术社团活动"艺韵"书画社、摄影社、星空漫画社、服饰色彩协会等社团的力量，营造美术教育文化氛围及人才培养。

（三）做精"塔尖"，为美术特长学生提供个性化专业发展平台

"塔尖"主要是指面向美术专业特长生所开设的专业培训课程。做精"塔尖"，就是要对具有美术专业特长的高考学生进行针对性、精细化的辅导，为他们实现专业上的提升提供最大的帮助和最有利的条件。

学校大胆创新，锐意改革，在美术高考专业生培养上实行一套由学校自行组织执行的、完整的"招生—训练—考试"培训模式，即专业培训校本化。实行"4+1+1"专业特长生培养模式，即每周4天文化，1天专业学习，1天专业课外学习。学生专业培训，采取"主任教师负责制"，由本校老师负责专业教学与管理，专业课程设置上采取"圆锥互套型"理论模式，拓宽学生专业基础，培养学生创作能力，形成了一套有鲜明特色的教学模式。这样既能确保学生在校的文化学习质量，又保证了学生正常的身心健康发展。

三、美术学科选课方式（课程设置）

我们的美术专业课程设置是"圆锥互套"课程原理和"金字塔式"多元化的校本特色课程体系的具体运用，既有注重基础的一系列主干课程，又有从兴趣和能力出发设置的一系列拓展课程。如表1-1所示：

表 1-1

设置 内容	素描	色彩	速写	设计
主干课程	石膏素描 静物素描 人物素描	静物色彩 人物色彩	人物速写 场景速写	图案基础 装饰画
拓展课程	风景素描 创意素描	风景色彩 创意色彩	风景速写 创意速写	色彩构成 平面构成 立体构成 图形创意
	艺术鉴赏			

　　美术专业课程的主旨在于最大限度满足学生的美术学习需要，培养和发展学生的个性和创新精神，帮助学生实现个人价值。所以，我们设置了多样化、叠加式的课程结构供学生选择，提供给学生更多适合自己的机会，同时也给美术教师更多的空间发挥自己的创造性，有针对性地对学生进行个别指导。从造型基础到设计基础的课程设置，是基础课程为后面的学习提供了一个基本的学习空间。此后，层层叠加的课程为学生提供了较为广阔的选择余地。如图 1-3 所示：

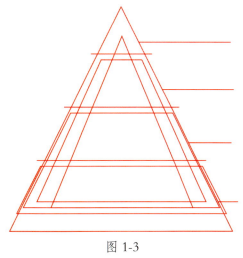

素描头像、素描半身带手、色彩头像、
色彩风景、场景速写、创作草图

设计素描、设计色彩、平面构成、
色彩构成、创意设计

平面构成基础、色彩构成基础、黑白装饰画、
色彩装饰画、图形创意、创意速写、字体设计

素描：石膏几何体、静物素描、石膏像、人物头像素描、
半身带手素描（结构素描、线性素描、全因素素描）
色彩：色彩静物、色彩风景、色彩头像
速写：静物速写、风景速写、人物速写、场景速写

图 1-3

四、美术学科教学方法

美术教学方法是教学过程中教师的"教"与学生的"学"二者双边活动的体现，

不仅是教师的教授方法，也包括学生的学习方法，是教学过程中教法与学法两个方面的统一体。

（一）教法：行动导向法

行动导向法主要是指以直观形象为主的教学方法。这种教学方法具有示范性和艺术性，很受学生欢迎，是学生获得知识的重要途径。在教学时要求教师认真准备，身体力行，演示步骤清晰，技法熟练，条理清楚，使学生能一目了然，从中获得知识和技法。但要防止流于形式，把它变成一种表演。

（二）学法：四种训练方法

1.限制性训练：限定内容、步骤、方法、时间。围绕某一个教学目标，学生在教师的要求下，有创造性地独立完成作业。这是对学生能力的一种考察，有利于提高学生的应试能力。

2.感受性训练：注重感性的，丢掉一些理性的东西，培养学生敏锐地直接感受美的能力。如在色彩专项训练中，弱化形体结构，强化调子感受。

3.研究性训练：局部练习、劣势练习、名作研练。在教学过程中发挥学生的主体作用，尊重学生的自主性，教师在教学过程中变成教学的促进者，帮助学生弄清自己想要学什么，从而发现问题，进而解决问题。

4.归纳性训练：归纳总结、理念形成上升为自觉。经过多种专项训练，学生的单方面能力得以提升。如何形成学生的综合能力并加以运用，就需要师生一起归纳总结，进行大量的综合训练，使学生在思想上和行为上高度统一，进而成为一种自觉。

附一：株洲市第十八中学美术教育创新班培养方案

一、指导思想

适应国家和社会发展需要，更新人才培养观念，遵循教育规律和人才成长规律，挖掘学生潜能，培养美术学科优长型人才，促进学生个性发展。

二、培养目标

1. 为一流美院培养和输送优秀的绘画、设计、史论等人才，并逐步进行国际美术教育交流，向国外（英、法、德、韩、日、加拿大等国）输送留学生。

2. 美院班学生参加湖南省美术专业联考 100% 过专业本科线。

3. 美院班学生 70% 考上全国九大美院深造。

4. 美院班学生 100% 考上本科以上高等院校深造。

三、培养措施

1. 学校配备最强文化与专业师资，全方位跟踪辅导，贴心服务。

2. 学校制定出适合学生文化与专业协调发展的培养方案，实行科学的"四二制"培养模式，既保障高中文化课程学习的完整性，又保障深入学习专业课程。

3. 长期聘请中央美术学院、清华大学美术学院、湖南师范大学美术学院教授为客座教授，每学期对学生进行 2 次以上专业授课。

4. 省内外知名美术高考培训专家跟踪辅导。

5. 每年组织一次到我校写生基地的写生活动，开阔学生视野，培养学生热爱生活、发现美、感受美、创造美的能力。

6. 每学期组织一次学生汇报画展，聘请高考培训专家现场点评，并邀请家长参加。

四、课程设置

1. 文化课程

按正常课程开设：语文、数学、英语、文综（政治、历史、地理）、理综（物理、化学、生物）。

2. 专业课程

按美术素养课程、美术高考课程开设：

高一年级：

素描（静物、石膏像、人物头像）；

色彩（静物、风景）；

设计（图案、设计基础）；

速写（人物、风景）；

美术史、文艺常识。

高二年级：

素描（人物头像、半身像）；

色彩（静物、风景）；

设计（设计基础、平面构成、色彩构成）；

速写（人物、场景、创意速写）；

美术史、文艺常识。

高三年级：

素描（石膏像、人物头像、半身像、全身像）；

色彩（静物、风景、人物）；

设计（平面构成、立体构成、创意设计）；

创作（绘画创作、命题创作）；

速写（人物、场景、创意速写）；

美术史、文艺常识。

五、管理与保障措施

1.该班享受省特色学校重点培养待遇，享受株洲市城区创新实验班的所有政策优惠。

2.配备强有力的各科文化教师与专业班主任及生活辅导老师各一名。

3.配备两名以上优秀的专业老师，由市美术学科带头人领衔执教。

4.学校保证聘请专家教授的经费。

5.学校提供最优的专业器材、场地与最舒适的生活设施。

6.建立完备的监督考核机制：

①成立家长委员会，定期召开会议，监督指导文化与专业教学工作情况；

②聘请教育局专家领导为监督考核成员，定期进行指导考核；

③学校成立专门的管理考核组织机构，并成立专业委员会，定期对文化与专业培养情况进行管理考核。

六、奖学、助学制度

1.优秀贫困生每学期可获得 2000 元的贫困补助。

2.美术教育创新班每学期文化与专业前十名的学生均可得到 2000 元的奖学金。

3.对于文化与专业特别优秀的学生，学校将予以免除部分费用。

4.三年后考取清华美院或中央美院的学生，学校给予 5000—10000 元奖励。

附二：株洲市第十八中学美术学科创新型人才培养工作思路

一、学科创新型人才培养的意义

（略）

二、学科创新型人才培养的工作流程

选拔→培训→评考

三、"选拔"工作的具体措施

1. 初高中教师协同研训（一年两次）

2. 学科资优生选拔方案及运用

3. 初升高协同发展课程开发

（1）学生绘画兴趣培养

（2）学生视觉型思维模型构建

（3）夯实造型基本功及绘画习惯养成

四、"培训"工作的具体措施

1. 管理方面：主任教师负责制、分布式领导

2. 课程推进：圆锥互套课程原理、金字塔式多元课程体系、叠加式选课方法

五、"评考"工作的具体措施

1. 学科人才多元评价模型建构

2. 教师工作评价

（1）标准：人生导师＋学科教授＋学科形象代言人

（2）要求：上得好课＋看得准画＋带得好班

CHUANGXINXING
RENCAI PEIYANG
创新型人才培养

第二章
课程内容

第一节 设计素描

一、课程简介

本课程是培养学生基本设计能力和基本素质的基础课程之一。设计素描有别于传统意义上的素描概念，在表现手法上有所突破，在注重技法训练的同时更注重创新思维的培养。本课程的意义在于挖掘人的潜在创造才能，改变传统素描中以技法为主的概念，打破单一的描绘方式，在注重观察、思维表现的同时，不摒弃基本的结构要求。本课程由设计素描发展概况、基本表现能力、创造性思维、多种表述方式四个部分内容构成。设计素描是认识自然，体验生活，进行创造性设计构建的基本素质和能力。

二、课程目标

1. 知识目标：根据本课程的性质和任务要求，应掌握设计素描的表现方法、敏锐的视觉观察和感受能力。

2. 能力目标：提高对生活的感觉能力，对不同工具的运用能力，能表现出静物和风景。

3. 素质目标：培养学生正确的观察方法，使学生具有较完整和独立的创造能力，培养丰富的形象思维与创新能力，提高审美能力。

三、课程安排

课题一 设计素描的基本理论概述

课题时量：

7 课时。

教学内容：

了解设计素描的特征；掌握设计素描的基本定义。分析设计素描要领，为设计素描学习奠定基础。启发学生思维，提高学生对于设计素描的鉴赏水平。讲解设计素描类型，分析各种表现方法。

训练要求：

找寻各种类型的设计素描作品，收集相关练习素材图片100张以上。

训练目的：

通过找寻各种类型作品，锻炼学生对设计素描特点的分析能力，加深对不同类型作品特征的认识。收集素材为后续课程训练做好资料准备。

训练提示：

设计素描的分类。

1.结构素描。

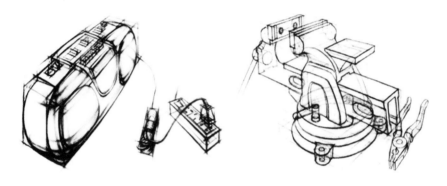

2.精微素描。

3.创意素描。

课题二 设计素描中的创意表达

课题时量:

14 课时。

教学内容:

深刻理解,学会感受生活。欣赏优秀作品,理论联系实际,写生联系创作。讲解创意到底是什么。创意是需要一定的视觉表现载体来传递我们的创意思维,分析创意有哪些表现要素和表现手段。

训练要求:

在传统素描的基础上,培养用创造性、发散性思维的方式,利用各种材质,不同手段,以素描的艺术形式,表现具有独立审美意识的客观现象(物象)。

作业量及尺寸:

8 开,8 张作业。

训练目的:

超越、突破传统的创造意识和发散性思维。

掌握如何使用新的材料、新的手法,联系设计性,实现新的素描形式的表达。

课题三 精微素描

课题时量:

21 课时。

教学内容:

局部刻画时让学生认真观察,用手触摸感受物体的质地,通过放大的手法加以描绘。范画欣赏,老师引导,运用提问的手段,让学生有所感悟。

训练要求:

进行超精微局部刻画练习,超精微特写刻画练习。

作业量及尺寸：

8 开，6 张作业。

训练目的：

素材的积累应该是贯彻整个学习的始末，这是对付默写的"杀手锏"。本阶段练习是为了表现出物体的精细效果，锻炼素描超精微表现、刻画精细充分的能力，为命题创作积累素材。

课题四 设计素描的明暗训练与指导

课题时量：

14 课时。

教学内容：

明暗练习的表现方法：

1. 正确的观察方法，要注意着眼于物体状态与光源反映的整体关系，尤其要注意仔细观察光源反映下的物体体面的变化。

2. 正确的起步方法，无论采取什么起步方法，都必须遵循整体表现之基本原则，尤其要注意放弃物象之细节，抓住物象之大体（包括物象的基本比例、透视、结构以及明暗的大块面之关系）。

3. 正确的刻画方法，特别要把握好整体与局部的关系，注意黑白所反映的明暗变化的节奏感，使物象的明暗变化、层次丰富。

训练要求：

充分体现物体的明暗效果，研究画面的明暗节奏感；注意空间形体的塑造。

作业量及尺寸：

8 开，4 张作业。

训练目的：

能熟练地掌握明暗的观察方法与表现手法，生动地再现不同空间、不同光源状态下的自然与人工物象，加深画面明暗节奏意识。

课题五 设计素描的线条推敲训练与指导

课题时量：

14 课时。

教学内容：

线条推敲方法：

1. 线条是造型艺术与视觉形式中最本质的语言要素。

2. 线条是一种艺术概括形式。

3. 线条的空间属性。

4. 线条的自身表情。

5. 作品分析。

训练要求：

领悟线条的表现效果及特点，掌握线条
的表现方法。

作业量及尺寸：

8 开，8 张作业。

训练目的：

通过本课练习，掌握线条推敲运用方法，提高线条表现能力。

课题六 设计素描中的结构、空间训练与指导

课题时量：

28 课时。

教学内容：

基本形体结构的观察、分析和表现的练习。从小场景入手，逐步过渡到大场景的
刻画。学会用线造型，排除光影对物体的影响，准确画出物体的形体结构关系。

1. 提醒学生注意描绘对象的基本比例、结构和透视关系。

2. 注意描绘对象和画面所描绘的形象要保持角度一致。

3. 注重写生与默写同时练习，加深对对象的理解和把握。

训练要求：

了解形体规律、掌握形体规律、运用形体规律表现物象，学会空间表现方法，锻炼准确再现空间结构形态的能力。

作业量及尺寸：

8 开，12 张作业。

训练目的：

通过本课题训练，学生能加深对物象形体关系的认识和理解，并能运用基本透视规律和方法来表现物象，提高把握物象基本形体和描绘物象基本形体的能力。

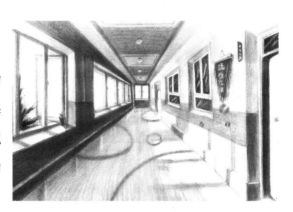

课题七 设计素描中的质感表达

课题时量：

28 课时。

教学内容：

1. 理解纹理的组织构成。

2. 搜集不同质感的表达方法，构成有深度空间的画面。

3. 提醒学生注意描绘对象，要注意认真观察其纹理组织结构，掌握其特征，根据不同的材质，改变描绘手段。

训练要求：

掌握物体的材质、肌理的表现方法，锻炼精微细部的刻画能力。

追求物体质感表现高度。

作业量及尺寸：

8 开，8 张作业。

训练目的：

本课题的练习，就是要求学生在复杂的物象之中，运用不同的画材、工具表现不同质感的物象，并力求达到逼真的视觉效果，同时理解空间概念，掌握物体物质肌理的描绘。

课题八 设计素描如何审题立意

课题时量：

14课时。

教学内容：

1. 范例分析。

2. 高考模拟试题解读。

训练要求：

掌握审题立意的方法，找到好的解题思路；锻炼审题辩证思维的能力；加深题文与素材的联系思考。

作业量及尺寸：

16开，8张作业。

训练目的：

通过本课题训练，学生能审清题目的中心题意，选准素材，经营位置、场景的视角和光源，进行创意表达。

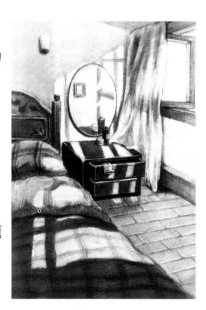

作业分析

题例一《走廊》

"走廊"是我们生活中处处可见到的，这就要求学生注意观察，同时还要带有一定的情节故事，选择合适的场景与道具。构图要新颖，视角要独特，切不可单调、雷同。空间的安排与分割、质感与虚实关系、透视的准确与光影的安排是本课题的重点，这也是在考察学生的基础能力。

题例二《雪》

"雪"可表达的意境是多样的，可表现浪漫的情景，可表现悲伤的感受，也可用来表现节气。所以在动手画之前一定要考虑好所想表达的意境。

《走廊》刘雨洁　　　　对于一张没有主体的素描，空间光影就是它的主体和需要深入塑造的。这张画的作者表现砖块细节较丰富，画面构成感较足，但对投影的空间处理还有待加强。

《走廊》胡蓉　　　　该画面空间感和投影的空间虚实关系处理得非常到位，空旷的候车道把人的视觉集中到刚刚停靠的列车上，大的黑白灰关系比较明确，但是整张画面的细节刻画不够，局部地方可以做得更精致。

《走廊》胡蓉　　　　画面构图显得偏右，所以会给人画面失衡的感觉，但是从火车头和座椅等细节不难看出作者是一个能画的学生，塑造能力还是不错的。

《走廊》林中星　　　　　这是一张很有构成感的画面,作者充分利用了木柱子、墙壁、地面、影子的组合与构成,使画面形成了强烈的光感、空间感、空气感,营造了夏日午后的氛围。在深色的屋顶上出现的几个灯笼,使屋顶的木梁变整,没有那么琐碎,灯笼的大小变化强化了画面的空间感。不足之处是远处的房顶稍显概念。

1 《走廊》胡蓉

作者试图表现深远的空间效果，较好地控制了大的透视关系，地面的刻画表现得恰到好处，但玻璃质感不够。

2 《走廊》文佳

通过走到窗户的透视关系表现出画面幽深的空间关系，通过光影，画面充满了空气感。不足的地方在于画面稍显空了一点。

《雪》谭碧辉

该幅习作雪景刻画很到位，主体物三轮车的造型感和塑造感非常不错，但是画面空间感不够，比如说屋檐上的雪和三轮车上的雪塑造得太过一致，没有拉开，远景的房屋可以弱化些。

1 《雪》付雅玲

画面利用强烈的光线营造出雪后阳光的气氛，所有物体塑造整体概括，美中不足的是缺少细节。

2 《雪》万齐华

构图饱满，黑白灰层次明确，注重生活气息的表现。但画面各部分物体塑造比较平均，没有体现出较好的强弱对比。

3 《雪》刘雨洁

朴素也是一种特征，在众多时尚倾向的训练作业之中愈发显得突出，也许是作者选择的场景比较老旧，也许是因为绘画的方法不很炫耀，总而言之，这是一张朴素的素描。

《书房一角》文佳　　　　　作者选择了从窗外看房间内部的绘画视角，构图大胆且具有创意性，同时这样的构图需要非常强烈的空间意识，但是作者在处理近中远景，比如说近景的窗帘、中景的椅子，以及远景的书架三者色调太过接近以至于显得平面。

《书房一角》文佳　　　　　　　　这是一张表达质感的习作，充分体现出了作者的造型能力，且表现张弛有度，收放自如，有使人过目不忘的效果。

《卧室一角》胡蓉　　　　　画面选材不错，画面整体空间稍弱，主体物如帽子衣服的塑造有些平面，远处左侧柜子一角要弱化，衣柜里面的几件衣服色调上面可以区别开来，衣服种类的选择可以丰富些。

《卧室一角》吴家旭　　　　画面营造了一个很好的光影气氛，展现了作者明暗关系表达能力，藤椅刻画深入，体现了该学生良好的基本功。不足之处在于后面黑色有点突兀，画面视觉中心不够明确。

《卧室一角》胡蓉　　　这张画审题明确，卧室一角的气氛表达得明了，整幅画面的光影是最吸引眼球的地方。光线透过玻璃窗，洒在室内，让人感受到清新的空气充满室内，阳光与阴影形成了强烈的明暗对比，是一张非常漂亮的光影设计素描。但是从地面和桌面可以看出该学生对透视的理解还是不足的，后面的墙壁过于轻飘，没有推下去。

1 《卧室一角》谢子晗

该画的柜子到床和窗帘的空间感比较足，处理得轻松到位，帽子的细节刻画也很不错，但是所有的重色布局偏左，容易造成画面的重心不稳，建议重新对画面色调进行布局。

2 《卧室一角》力馨怡

这是一张画面构成感强，光线感氛围浓烈的完整画面，是一张比较优秀的考卷。如果能将地面上的两个深色投影再透气点就更完美。

《阳台一角》严小龙

　　阳台一角画面气氛感非常强，画面元素选择丰富，黑白灰的布局很不错，大胆地运用投影以及色调，带来了很强的画面纵深空间。唯一不足就是前景花卉的选取，所占的面积少些或许更好的体现画面中心。

《窗前一角》严小龙

　　画面窗户柜子的大小重复，有些雷同，整体构图稍显呆板，正方形的构成元素运动太多，元素的形状和大小对比太少，窗户的透视还有待考究。从画面塑造来看作者还是具备一定的绘画能力。

《卫生间一角》谭翠霞　　　　　画面空间感不够，洗衣机和马桶之间存在了空间矛盾，细节没有区分刻画。画面构图还不错，黑白灰布局挺好，画面的气氛感很强。

《科技时代》力馨怡　　　　作者选择了一个小角度，将手提电脑放大，表现了一个与众不同的视角，画面形成了点线面构成，黑白灰明确。但作为局部设计素描，对于数据线接头处表达过于概念、粗糙，缺少对细节的观察，后面书边的深色显得有些突兀。

《科技时代》贺菀婷　　　　　汽车的刻画生动精彩，体现出考生的塑造能力，美中不足的是背景的房子与整个画面脱节，不在一个空间里。

《街角》曾金惠　　　　　　街道一角是学生体会和关注生活创作的一个非常不错的题材，画面中一个热气腾腾的锅炉成为了画面的中心主体，生活感比较足，但是画面缺少了黑白灰的层次对比，除主体外多添加一些物品画面或许会更生动。

1 《街角》刘怡琳

　　画面的构思充满生活情趣，场景的气氛感较好，说明考生对生活细节的观察记忆深刻。在塑造方面也体现出较好的能力，但要注意物体的比例关系。

2 《拐角》林中星

　　此画带有较明显的摄影痕迹，照相机的镜头与眼睛的观看结果是有很大不同的。

《窗前》谭碧辉　　　　　　作者选材上是选择一次外出旅行在火车上用餐时的场景，画面元素选择比较丰富，选取的角度对空间刻画难度加大，画面空间感略微不足，主体物的质感还是刻画得不错的。

《窗前》吴嘉旭　　　　温馨和恬静是这张画的特点，场面不大，境界尚存。该生造型和刻画能力稍显不足。

《窗前》吴嘉旭　　　　　　　整个画面光感十足，黑白灰关系明确，稍显不足的是光影处理
得不够生动，刻画稍有不足。

1 《雨》李善荣

　　绘画的构思对于考生来说至关重要，当多数人都在拿高分试卷做文章的时候，"另辟蹊径"反而会为你带来更好的效果。用汽车刮雨器表达雨天的主题，同时又不忘对空间的表达，是此幅作品的可贵之处，美中不足的是对方向盘和仪表的质感刻画不够充分。

2 《雨》李璇

　　画面左侧房屋的空间感不够，远处的路灯建议可以弱化，天空和房屋的颜色感觉混在了一起，前景的塑造还需再丰富些。木房子的质感刻画很不错，画面取景构图也很不错。

《内外》李善荣　　　　空间和局部的刻画都还不错，很好地体现了内外空间感，但缺少精彩的内容。画面中的精彩部分可以通过对主要的内容仔细刻画来实现，也可以通过减弱次要内容的办法来实现，就是不能平均对待。

《内外》李善荣　　　　这幅作品营造出了很强的意境，近几年考试增加了关于"意境营造"的要求，虽然画中选用的物体并不新奇，但画面的布局、形象的刻画、虚实的把握等因素都是因人而异的，并且差别很大。

《内外》贺菀婷　　　　　画面构图独特，物体布局巧妙，但作者的塑造能力不足，毛绒帽子、手套、围巾的质感和细节表达不够。

1 《洗漱一角》林中星

本幅作品表达的主题内容很具有生活气息，在构图与构成上利用了渐变与特异的设计手段，使得画面的形式感、空间感极强，作为一张设计素描，对设计形式的掌握是必备的一个能力。在表现上，用笔轻松自然，体现出了作者扎实的基本功和很好的绘画感受，画面表现完整，但在质感表现上还得加强，如：水的质感表达欠缺，像塑料。作为一幅三小时作业，总体来讲是一张比较优秀的考卷！

2 《玩具》曾金惠

几个布偶表情生动，作者有意识区分了每个布偶之间的颜色服装等特点，选材新颖，但是画面纵深空间感还可再加强。

3 《节日》李萱

选材从中国民间传统文化的角度出发，比较有趣味性，作者对这种毛茸茸的质感刻画得很好，画面桌脚有些平面，布偶和后面的窗户色调没拉开，与布偶本身三个黑色毛球大小相同色调又一致，显得有些呆板。

1 《日用品》杨坤芳

生动自然的生活场景，构图朴实，黑白灰层次分明。

2 《场》吴嘉旭

画面有很强的气场，表达出了水坝的震撼感，美中不足的是坝梯的造型和透视关系不准确。

3 《易拉罐与矿泉水瓶》谭碧辉

这张画充分展现了该学生的设计能力，利用特异的设计手法，利用大面积石头材质和易拉罐、矿泉水瓶的材质进行对比，表现了自然形态与人工形态的结合与对抗，是一张带有环保主题的优秀的设计素描试卷。

1 《打开的抽屉》文佳

画面的点线面构成基本合理，视觉中心布娃娃的表现手法与周围产生变化与对比。不足的地方是背景黑墙壁与红领巾的重色过于雷同，应该还要弱一个层次，白色的课表有点跳。

2 《学习用品》谭碧辉

该画面玻璃杯的刻画非常不错，水蒸气的塑造也很到位，为画面带来了些动感，唯一不足就是画面在几个元素的布局上有些松散。桌子的空间感不够，应该加强桌子的前中后的对比，可以考虑从色调上拉开空间关系。

3 《细节塑造练习》万齐华

这张刻画的细节非常不错，能看出作者细心观察了对象的质感，表现破损的物体很有方法。如果对物体本身结构的处理再严谨些会更好，比方说最上面圆形物体的暗部面空间透视关系比较弱。

《午后》欧阳晴　　　　整个画面表现充分，自然、生动，说明考生对日常生活的细节有很好的观察，同时具有扎实的造型能力。

1 《雾》杨坤芳

　　画面若隐若现，雾气弥漫，是一张非常有意境的画作，展现出了该学生对工厂的深刻体验。不足的地方是管道的圆柱体感不强，视觉中心的阀门过于简单概念。

2 《旅行》陈达

　　此画构思巧妙大胆，左侧利用门窗的投影分割画面，与右侧的箱子形成强烈的黑白、线面对比。若几个箱子之间能有深浅、朝向的变化会更加生动。

第二节 设计色彩

一、课程简介

色彩总体可分为两类：自然形态色彩和人工形态色彩。

自然形态色彩指的是大自然中天然形成的色彩，如植物、动物等。

人工形态色彩指的是通过自然形态色彩的提炼，形成新的色彩视觉效果，一般分为：常规色彩和设计色彩。

常规色彩指的是直接从自然界中提炼颜色，加以表现，主要以再现对象为目标。

设计色彩指的是自然色彩经过提炼、重构，形成带有主观意识和感情色彩的色彩效果。

在当前社会发展的大趋势下，设计色彩的运用更为普遍，如：产品的设计、舞台设计、装潢设计等等。为顺应社会的发展与人才需求，设计色彩课程的开设与设计已成为美术创新人才培养的重要环节。

二、课程目标

总体目标：

本课程的教学目标是通过色彩理论讲授、美术作品赏析、大师作品研究与临摹以及大量的色彩写生训练，提高学生的色彩意识、设计意识、创新意识，培养学生对色彩的感知能力、辨析能力、鉴赏能力，为专业设计打下坚实的基础。

能力目标：

1. 具有敏锐的感受能力，能够提出问题与看法。

2. 具有敏捷的思维能力，能够将设计思维与色彩很好地结合。

3. 具有超前的创新意识和较强的实践能力。

4. 具有对各类美术作品的赏析能力。

知识目标：

1. 理解设计色彩的概念和意义，了解色彩的基本规律。

2. 了解代表性大师的作品与风格语言。

3. 理解色彩的内涵与色彩搭配的具体方法。

4. 掌握创造性思维与独特色彩视觉化过程。

素质目标：

1. 具备正确的审美素养。

2. 构建正确的绘画观念。

三、课程安排

课题一 色彩常识

课题时间：

7 课时。

课题内容：

1. 色彩的分类。

三原色：红、黄、蓝。

三间色：任意两种原色相加，红与黄调配出橙色；黄与蓝调配出绿色；红与蓝调配出紫色，即橙、绿、紫，又叫"二次色"。

复色：任意两种间色相加，或者三原色按不同比例相加，得到的灰色系列叫做复色。

2. 色彩的三要素。

色相：色彩的相貌。

明度：色彩的明暗程度。

纯度：色彩的饱和度和鲜艳度。

3. 影响色彩关系的要素。

光源色：光源自身的色彩。

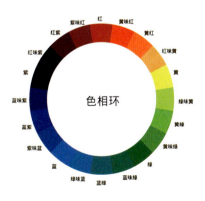

固有色：物体自身固有的颜色。

环境色：周围环境的颜色反射在物体上形成的颜色。

4. 色彩的属性。

暖色系：如红黄等色，给人一种热烈、活泼的感觉。

冷色系：如蓝色，给人一种宁静、冷静的感觉。

补色：色环里程 180 度的一对颜色，也是对比最强的颜色。

同类色：同一色相，不同冷暖、明度、纯度，如柠檬黄、淡黄、桔黄等。

近似色：不同色相，明度、纯度、冷暖接近，如淡绿与湖蓝等。

教学要求：

了解与掌握色彩的基本知识。

作业量及尺寸：

4 开纸上，做色环表和色彩的明度、纯度、冷暖的推移。

训练目的：

对色彩的基本知识进行了解与学习，掌握和理解色彩三要素和色彩的冷暖属性。

课题二 色彩发展史

课题时间：

8 课时。

课题内容：

1. 历代作品欣赏。

2. 各时期的画作与当代艺术的联系。

3. 怎样利用大师作品与自己的画作结合。

教学要求：

整体了解色彩在各时期变化的内涵，学会赏析各时期的代表作。

作业量及尺寸：

至少写 4 篇作品赏析及赏析心得。

训练目的：

学会赏析与运用大师色彩。

课题三 大师色彩研究（印象派）

课题时间：

20 课时。

课题内容：

1. 对主要几位大师进行了解。

2. 对每位大师的作品进行研究与分析。

3. 总结每位大师的特征，分析他们的相似与不同，提高自身对色彩的认识与修养。

4. 临摹大师色彩。

教学要求：

对印象派各大师的基本用色规律进行研究。

作业量及尺寸：

8 开或 16 开，至少 8 张大师作品临摹。

训练目的：

研究印象派各大师的基本用色规律，总结出一套用色的基本规律。

课题四 大师色彩提炼与转移训练（具象）

课题时间：

20 课时。

课题内容：

1. 提炼出主要色彩。（归纳亮部、暗部、投影的色彩）

2. 按照一定比例运用到另一画面。（先归纳亮部、暗部、投影的形状）

教学要求：

提炼大师作品的主要色彩并运用到自己的习作中。

作业量及尺寸：

8 开，一边归纳大师色彩，一边运用大师色彩。至少 6 张作业。

训练目的：

大师色彩的提炼及运用，为设计色彩打基础。

课题五 色彩构成（抽象）

课题时间：

14 课时。

课题内容：

通感色彩的表现，主要是通过视觉、味觉、嗅觉、触觉、听觉等提炼色彩，再进行构成表达。如右图中央美院 2015 年考题《棒棒糖》中色彩题就属于通感色彩设计构成中的味觉通感，表达出了棒棒糖甜甜的感觉。

教学要求：

各类色系与平面构成结合，形成抽象的色彩构成，表现出具体的情感。

作业量及尺寸：

16 开，10 张作业。

训练目的：

各类色系的提炼与情感的表达。

课题六 各种物体的积累与色彩写生

课题时间：

30 课时。

课题内容：

画具、厨具、文具等生活中常见物体写生，如下图。

教学要求：

1. 积累生活中一些常见的物体并用色彩表现。

2. 用投影仪放大进行作业点评与分析。

作业量及尺寸：

16 开，至少 20 张作业。

训练目的：

对生活中常见物体的色彩和质感表现。

课题七 外出写生

课题时间：

40 课时。

课题内容：

1. 构图训练。

2. 自然景物、房屋等表现手法训练。

3. 户外风景写生，如右图。

教学要求：

对户外风景的取景与表现。

作业量及尺寸：

8 开，至少 10 张作业。

训练目的：

在自然光源下对自然色彩的提炼与表现。

课题八 将设计素描翻译成色彩

课题时间：

40 课时。

课题内容：

将设计素描转换成色彩，如右图。

教学要求：

将我们认知的色彩体系与设计素描思维结合表现。（表现技法、表现能力的培养）

作业量及尺寸：

8开，至少10张作业。

训练目的：

色彩体系的运用与表现。

课题九 主题创作和设计色彩

课题时间：

40课时。

课题实施：

1.确定主题，围绕主题进行构图与构思。

2.根据主题分析色彩的构成与安排。

3.表现画面，注意画面的主次、虚实、空间。

如右图《花开时节》这个主题里面就提供了花、

春天等重要信息。

教学要求：

结合各类题材进行创作与设计。

作业量及尺寸：

8开，至少10张作业。

训练目的：

学会主题创作思维与表现技法。

作业分析

题例《城市一角》

要求：

1.构图合理，色调明确、色彩关系得当。

2.注重形与色的结合，有一定的细节刻画和表现能力。

3.主题明确，思想积极向上。

解题：

这个主题属于室外场景类型，所选内容比较广泛，一定要注意选取的内容要适合画面表现，不要让画面出现空、挤、碎。

题例《我的卧室》

要求：

1.构图合理，色调明确、色彩关系得当。

2.注重形与色的结合，有一定的细节刻画和表现力。

3.主题明确，思想积极向上。

解题：

这个主题属于室内场景类型之一，本主题对所选内容的范围有明确的要求，在选择时一定要注意紧扣主题；在选取色调时要充分考虑到什么色调适合卧室，切记不要太刺激。

《洗漱间》谭碧辉　　　　　　　画面的内容选择得很好，表现了物体的不同质感，色调也很和谐。这种能力是考生在训练过程中必须要注意的。

《洗漱间》谭碧辉　　　　　　　　清新的画面，清新的色彩，还有轻松的塑造和表现。美中
不足的是左下角水管画歪了，红色的凳子在画面中有些孤立。

《洗漱间》谭碧辉　　　　　由生活杂物所组成的画面，很好地吻合了训练要求，非常生活化，画面空间的秩序也比较合理。可惜的是物体投影的颜色太雷同了。

《厨房一角》曾金惠　　　　　　　　画面的内容选择得很好，表现了物体的不同质感，色调也
很和谐。这种能力是考生在训练过程中必须要注意的。

《厨房一角》林中星　　　　　这张画体现出该考生有很好的观察能力，把最常见的生活情景，最普通的生活素材画出来，确实不易。

《厨房一角》付雅玲　　　色彩的搭配组合、内容的选择、构图的处理都很完整。但塑造能力欠缺，影响了画面效果。

《厨房一角》力馨怡　　将厨房灶台的情景作为画面的主要内容，构思还是不错的。角度的选择、物品的组织摆放也很完整。色调比较统一，但整体色彩的表现偏灰了。

《厨房一角》李璇　　　　适当地减弱色彩的明暗关系，会使色彩的表现力得到加强。这张画中所有暗部都做了不同程度减弱，因此色彩本身的特点就显得非常突出，作者可以把更多的精力放在色调和协调上来，使画面更好看。

《厨房一角》杨坤芳　　　　浅灰色灶台和黄色墙面的色彩是不容易协调的，但这位同学将它们之间的关系协调得很好。美中不足的是火钳和水壶的比例失调了。

《卧室一角》曾金惠　　　　零零整整的玩具错落有致地摆放在一起，画面色调统一，呼应有致，充分显示了作者对于色彩的驾驭能力。

《卧室一角》李萱　　　　　　　干净、透明是这幅画的优点，但缺少色彩变化和冷暖对比。

《卧室一角》欧阳晴

　　构图意识很强，能够敏锐地捕捉到生活中那些有特色的画面。色调非常和谐，有大师的气质。但作者对水粉工具的运用掌握得还不够，因此画面的塑造显得不足。

《茶具》杨坤芳

　　虽然这幅画中物品塑造得不很充分，但构思比较有趣，将中国文化的一些元素与淡雅的色彩结合在一起，有很好的视觉效果。

《街角》刘雨洁　　　构图和色调都处理得很好，重视空间、情境、主题的表达。但物体的塑造不是很理想，造型在细节上不够仔细，也不够认真，用笔草率，在一定程度上影响了画面效果。

《街角》李善荣　　色调的形成不仅取决于每个人的主观意识，也取决于不同的客观条件。这幅画所表现的是雨夜的场景，所有的对比都是弱的，所有的色彩都是灰色的。在一个明度、纯度都很低的色彩范围中，仔细地表现色彩的差异，是难得的地方。

《街角》刘怡琳   这幅画体现了城市街角下雨的场景，采用平行的构图方式会显得略为简单，还要注意树和电线杆的位置和空间关系。

《街角》万齐华　　　　　　生活中随意就能看到的画面，体现了作者很好的观察能力，非常生活化，画面的空间感也较合理。

《街角》李璇　　　　　　　　该生构图比较大胆，这样的场景比较难处理。可惜的是汽车的比例和透视与场景是不相符合的。

《街角》付汝琦　　　　　强光线下的物体明暗对比是比较强的，此画的作者懂得如何处理明暗对比，让颜色在强对比中有变化，体现了一定的色彩修养。

《早点》力馨怡　　　　题材选择得非常有特点，很好地表达了"雨天"的主题。该习作给
人一种伤感的情境。美中不足的是塑造能力不够。

《早点》曾金惠　　　　　　色彩的搭配组合、内容的选择、构图的处理都很完整。但塑造能力还有不足和欠缺，部分地影响了画面效果。

《早点》吴嘉旭　　　　画面的内容选择得很好，将中国特色的元素结合在一起，既表现了物体不同之感，也很好地扣住主题。

《早点》刘怡琳　　　　　　大的黑白关系处理得比较好，为此画铺垫了比较好的基础。但画面中炉子的颜色表现得不够理想，与周边的环境色太雷同。

《花开时节》杨坤芳　　　　这虽不是一幅好的习作，但能看出考生的构思意识，该生主要想表
达动静结合的场景。

《花开时节》谭碧辉　　　　　能在画面中如此大胆地运用亮灰色，表现出安静的情境，对于一个高考生来说，是难能可贵的。

《花开时节》杨坤芳　　题材选择得非常有趣，也很好。因为画面内容选择得好，不同质感物体的对比就容易明确地表现出来，色彩的节奏变化也容易体现出来。

《窗外》李善荣 　　此张画的构图比较有趣，选择了院落的一个局部来构成。画面方形的分割太多，还需要圆形分割。该生也是运用同类色来统一色调，但缺少冷暖关系。

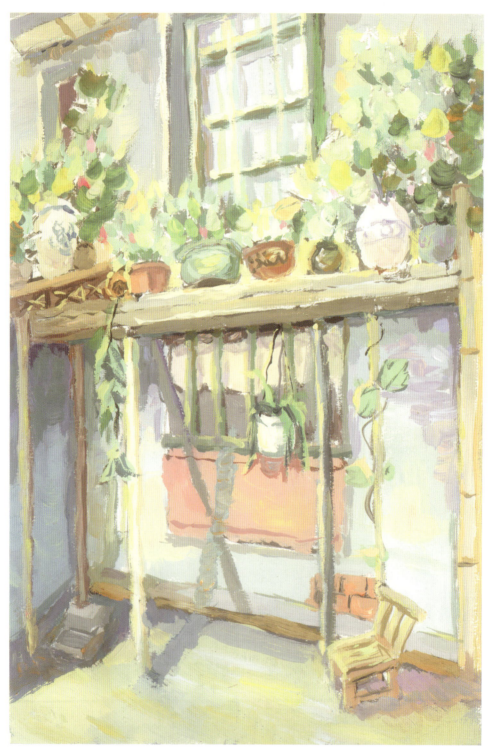

《窗外》刘怡琳　　　　　养满盆景的院落，被作者安排得错落有致，画面色彩沐浴在阳光的暖色之中。

《窗前》林中星　　　　　　构图的处理比较合理，但色彩过于雷同，缺少冷暖对比。色调的协调不能过分地依靠同类色来达成。

《窗前》严小龙

借鉴和参考优秀的美术作品，对于考生来说也是一个重要的学习途径。此画的色彩关系表现得很温馨和生动。如果能在画画之前更仔细地观察和思考画面中那些物体的造型特点，把它们刻画得更具体、更精彩一些，那最后的效果会更好。

《室内训练》李萱　　　　　该生有很好的画单个物体的能力,但对整幅画的掌控能力不够。

《阳台》李萱　　　　　　　此幅画构图取景还是不错的，但线条在画面的运用太雷同，颜色也缺少色彩关系。

《有镜子的场景》李璇　　　　镜子内外的玩具，娃娃的表情，有趣的构图，再加上比较协调的色彩关系，给画面添加了不少的趣味。

《室内一角》李璇　　　　这是一张不理想的构图，所有物体都摆放在画面的中间。这样的构图是不主张的。

《节时》李善荣　　　　　　　室外的光线与室内完全不同，色彩关系也会有很大的差异，这幅画很好地表现了在室外的光线下，不同物体之间的色彩关系变化。

《节日》李善荣　　　　　　　　布老虎与节日的氛围表现得不错，这种氛围的表现主要是依靠色彩来表达的，美中不足的是画面稍稍显得碎了一些。

《**光与影**》**林中星**　　　虽然这幅画的质感塑造得不是很具体，但构图取景比较有趣，将农村的风貌表现出来了。

《街景》谭碧辉　　　　　　　此幅画的结构清楚，层次分明，安排有序，色彩关系也非常清新透亮。

第三节 命题速写

一、课程简介

命题速写是介于一般性速写练习和创作构图之间的一种速写教学方式，它通过一个小时左右的作画时间，既考查学生画单人速写的能力，又考查创作当中需要注意的对情节和人物互动性的设计能力，同时还考查了场景速写中特别在意的对构图、空间感、黑白灰等内容的控制能力。

在命题速写的考试中要想取得成功，就一定要准备充分。所谓准备充分是指既对单人速写的基本问题研究得非常透彻，又能通过生活速写很好地把握住人物之间的互动性，同时还能利用课余时间通过网络和期刊杂志等渠道搜集一些经典的、与众不同的素材，并通过对这些素材的剖析和研究加强自己的组织能力和情景设定能力。

二、命题速写的作画过程和目标

首先，构图要在动笔前考虑充分。

构图时可能遇到的问题，大家一定要在动笔前就准确地意识到。只有这样画面的布局才会合理。如果是一边作画一边思考该如何构图，那画面的最终效果肯定不会太合理。

其次，画面的透视问题必须要充分考虑。

命题速写中的透视既涉及环境的透视，又涉及人物之间的透视。透视对整个画面的协调性有着至关重要的作用，如果大的透视没有画好，那整个画面就会变得非常拧巴。

再次，情节安排一定要合理。

情节的安排不能让人一看就感觉跟整个画面完全没有关系，而要把画面中的人物联系起来，虽说没必要像漫画一样让人物对话，但是状态上一定要存在相对紧密的联系。

还有，人物的黑白对比要强于背景和环境。

在命题速写当中，多数情况下人物的黑白对比都要强于环境和道具的黑白对比，这样能使画面的视觉中心、主次关系更加明确。

最后，要通过自然、随意的内容画出生活味儿。

命题速写中，设计场景时一定要尽量表现得生动、自然、真实，如果将环境画得过于规整、机械，整个画面就会缺乏人气，给人一种"不接地气"的感觉。大家一定要记住，背景中的景象和道具是活跃画面气氛的关键因素。不过，表现时一定要让人物与道具之间协调统一，什么样的人物配什么样的道具要考虑全面。这就要求我们在日常训练中要多积累一些特定的环境素材。比如，超市内的环境、收银台、公园一角、家里的客厅等等。也就是说，考题永远不会脱离生活，只要平时认真观察生活就足够用了。

三、课程安排

课题一 单个人物不同动态练习

课题时量：

8 课时。

教学内容：

通过作品赏析，了解单个人物动态速写特征；掌握基本人物比例动态，提高观察能力。

训练要求：

临摹或写生各种动态人物，收集不同动态练习素材图片 50 张以上。

训练目的：

启发学生思维，多观察生活中的人物动态，提高学生对于单个人物动态速写的动手能力。

训练提示：

动态速写：

1. 对不同动态人物进行写生。

2. 临摹加默写动态。

3. 动态联想并创作不同角度的人物动态造型。

课题二 单个人物造型写生训练

解决基本人物比例动态，提高观察能力。

课题时量：

14 课时。

教学内容：

通过单人速写知识的讲授、各时期的美术作品的赏析、大师作品的研究与临摹和大量的速写写生加默写训练，提高学生的单人速写造型意识和对速写的观察能力、辨析能力、鉴赏能力，帮助学生为命题默写打下坚实的基础。

训练要求：

解决基本人物比例动态，提高观察能力。

作业量及尺寸：

8 开，200 张以上作业。

训练目的：

具有敏锐的观察能力，能够耐心观察生活，感受生活中的人物。

课题三 人物表情训练

课题时量：

8 课时。

教学内容：

通过不同人物表情表达不同情感。

默写表情训练，画出不同情景下特定人物状态的表情变化。

训练要求：

要求在五官局部刻画时让学生认真观察，学会夸张地表现人物表情变化。范画欣赏，老师引导，让学生有所感悟。

作业量及尺寸：

8 开，20 张以上作业。

训练目的：

素材的积累应该贯彻整个学习的始末。本阶段练习是为了学会表现人物表情，锻炼默写表情的能力，为命题创作积累素材。

课题四 单人不同职业和身份特征训练

课题时量：

8 课时。

教学内容：

通过搜集和观察身边不同身份职业人物特征，为表达不同主题情境下的命题创作打下基础。

训练要求：

搜集 10 种以上不同身份职业的人物，并进行写生、默写。

作业量及尺寸：

8 开，20 张以上作业。

训练目的：

能熟练地画出不同职业人物，生动再现不同职业人的表情变化和动作变化。

课题五 大师速写研究（席勒、门采尔、伦勃朗、珂勒惠支等）

课题时量：

8 课时。

教学内容：

1. 对具体大师的了解与分析。

如线条的分析：

（1）线条是造型艺术与视觉形式中最本质的语言要素；

（2）线条是一种艺术概括形式；

（3）线条的空间属性；

（4）线条的自身表情；

（5）作品分析。

2. 对该大师作品的基本构图规律和表达人物情感的研究。

3. 总结每位大师的用线和构图特征，提高对速写的认识与修养。

训练要求：

领悟线条的表现效果及特点，掌握线条的表现方法，临摹大师作品。

作业量及尺寸：

8 开，10 张以上作业。

训练目的：

通过本课练习，掌握线条运用方法，提高线条表现能力。

课题六 大师速写提炼与转移训练

将提炼出的构图和黑白灰重新创作到另一画面。

课题时量：

8 课时。

教学内容：

本课题训练主要是通过研读大师作品构图、人物互动安排、黑白灰布局等元素来设计一张类似的命题速写。

训练要求：

了解大师画面基本规律，学会运用大师画面人物安排构图表现生活中的场景，临摹并转换成自己的命题速写。

作业量及尺寸：

8 开，20 张作业。

训练目的：

本课题训练，使学生能加深对场景速写画面形式美的理解，提高学生画面的艺术修养。

课题七 命题速写创作

课题时量：

28 课时。

教学内容：

1. 讲解作画思路，让学生了解安排人物组合的能力。

（1）通过写生组织安排人物；

（2）通过照片拼贴设计成一张完整的命题速写。

2. 提高命题速写的解题能力。

3. 提高创作不同情境下的命题速写的能力。

训练要求：

掌握基本构图的方法，找到好的解题思路，锻炼审题的能力，加深对素材深度的思考。

作业量及尺寸：

8 开，200 张以上作业。

训练目的：

通过生活人物组合速写很好地把握住人物之间的互动性，同时利用课余时间通过网络和杂志等渠道搜集一些经典的、与众不同的素材，并通过对这些素材的剖析和研究加强自己的组织能力和情景设定能力。

课题八 主题创作

结合各种类型主题大胆表现。

作业分析

题例《运动场一角》

要求：

1. 构图适当，人物不少于三个。

2. 人物组合关系合理，有一定的细节刻画和表现力。

3. 主题明确。

解题：

运动场一角明确规定了地点位置，那么就需要作者考虑所选择的道具背景的合理性，在运动类竞技里面选择一个自己喜欢的项目进行表达。

作业点评：

此画构图饱满，主次分明，表现手法熟练，作者用学校围墙做背景，添加了篮球、书包等道具，表现了学生运动的场景，但作者对前景书包的刻画过于草率。

题例《室内一角》

要求：

1.构图适当，人物两个以上。

2.人物组合关系合理，线条有一定的表现力。

3.主题明确，思想积极向上。

解题：

这个主题属于室内场景速写类型之一，本主题对所选内容的范围有明确的要求，在选择人物、背景、道具时一定要注意紧扣主题，可以考虑作者在室内曾经看过或经历过的感人一幕。

作业点评：

画面主次突出，人物表现比较熟练，不足之处在于后面的人是飘起来的，背景过于简单。

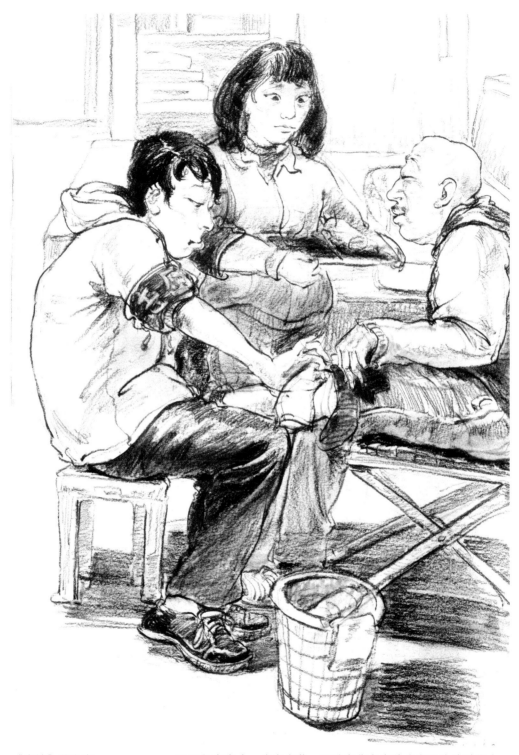

《亲情》曾金惠　　　　　画面很有张力，非常完整，可看出作者有着非常强的造型能力，
是一幅非常好的作业。

1 《亲情》文佳

　　画面中左边人物比例出现了问题，而且脸部特征不符合小孩的特点，整体画面三角形构图安排还是不错的。

2 《亲情》李莹

　　整体效果还不错，但还要加强形体比例结构的研究。

3 《亲情》刘雨洁

　　人物叠压、大小关系清晰，空间层次丰富，画面由近及远表达得非常到位。

1 《情感类》李璇

　　画面构图稳定，人物表情刻画有趣，但是小孩身体结构出现问题，人物手部刻画欠佳，背景房子刻画过于简单。

2 《情感类》文佳

　　人物造型能力很强，刻画细致入微，不足在于背景过于草率。

3 《情感类》李莹

　　画面构图比较稳定。该生选择一家三口在饭前爸爸和女儿做游戏的小事件，女儿在画面情境里的动态显得过于简单，妈妈的动作也显得呆板。

《画室一角》谭碧辉　　　　画面构图非常饱满，人物叠压关系明确，尤其前景人物衣服留白的处理和后面人物处理成深色形成了很好的衬托关系。

1 《画室一角》文佳

　　画面构图和整体气氛能看出作者很好的造型功底，唯一需要加强的就是人物的手部刻画。主体人物衣领还可以画得更丰富。

2 《室内一角》谭碧辉

　　画面构图饱满，人物表现得生动自然。

3 《画室一角》杨坤芳

　　画面采取比较容易出空间的 S 型构图，人物的叠压层次关系还不错，倒数第二个人物刻画还可以虚化一些。建议前景主体人物周围可以添加一些道具。

1 《画室一角》万齐华

　　画面构图比较简洁但不简单，整体气氛非常不错，能看出作者花了心思，人物面部表情刻画生动有趣，唯一不足就是人物的衣服刻画略微显得简单，身体结构可以刻画再严谨些。

2 《画室一角》付雅玲

　　这张构图非常稳定，人物的高低位置叠压关系处理得不错，主体人物的头部刻画也非常到位，但背景三个人物刻画欠佳。

3 《画室一角》欧阳晴

　　画面主体人物刻画生动，表情到位，是一张不错的作业，不足之处是最右边的人物刻画过于简单。

1 《画室一角》谭碧辉

　　人物组合是场景速写的关键环节，可以看出该作者有很好的基本功。

2 《画室一角》欧阳晴

　　人物叠压、大小关系清晰，空间层次丰富，是画面由近及远表达得非常到位，不足在于道具、背景过于简单。

3 《画室一角》刘雨洁

　　画面主体人物刻画非常不错，尤其是人物面部和手部的细节刻画，但是整体画面构图安排有些呆板，前面两个人物朝向安排可以错开，不用都面朝观众。

《运动场一角》谭碧辉　　　　　这是一张人物动态感受练习作业，人物动态生动自然。

1 《运动》谭碧辉

　　画面构图比较稳定，人物刻画非常到位，作者线条的的运用非常老练，唯一不足就是最右边的人物身体结构出现了问题，尤其是上身胳膊的结构感觉不协调。

2 《运动场一角》谭碧辉

　　此画构图饱满，主次分明，表现手法熟练，画面效果强烈，但作者缺少对生活逻辑的观察和理解，书包放在画面的正前方有些不妥。

3 《运动场》文佳

　　画面运动感比较强烈，气氛比较足。人物的安排也是很到位的，作为高三学生作者在人物结构上也下了功夫，对人体肌肉结构了解比较深刻。背景房子结构处理还可以再严谨些。

1 《运动场》曾金惠

　　主题鲜明，人物造型非常生动自然，对单个人物刻画得细致入微，但画面缺少黑白灰的层次变化。

2 《运动类》林中星

　　主体鲜明，画面人物充满着活力，不足之处在于画面缺少重颜色。

3 《运动类》杨坤芳

　　画面运动感比较强烈，气氛比较足，人物的安排也使画面看上去比较饱满，背景右边处理还可以再严谨些。

1 《运动场》谭碧辉

　　画面动感十足，人物动作安排非常紧凑连贯，是一张很好的运动题材作业。

2 《运动场》李善荣

　　画面有些空，背景和人物联系不够，但是前景两个人物动态非常不错，人物动感很足，人物表情还可以刻画更精致些。

《劳动》谭碧辉　　　　　　　　　　　　画面气氛渲染得很好，主题非常鲜明，人物造型生动有趣。

1 《劳动》谭碧辉

这是一张初期的场景作业，总体来讲还是不错的，但是能明显感觉到人物的动作不是很协调。

2 《劳动》文佳

整体构图感觉有点偏右，人物之间的关系联系还比较贴切，整体画面三角形构图安排也是比较稳定的。主体人物刻画欠佳。

3 《劳动》谭碧辉

这是一张比较完整的主题速写，人物表现充分。不足之处，小孩后面的人腿和身子脱节了。

1 《劳动》贺菀婷

　　画面构图和整体气氛能看出作者花了心思，人物面部表情刻画也比较有趣，唯一不足的就是小孩的刻画有些牵强。

2 《劳动》贺菀婷

　　整体构图感觉比较稳定，人物之间的关系联系还比较贴切，画面添加了不少生活物品也非常扣题。但是主体人物之间动作配合度不是很高。

3 《劳动》曾金惠

　　作者用了非常稳定的S型构图，整体画面比较饱满，主体人物刻画比较生动，不难看出作者有很强的速写功底。唯一不足就是主体人物动作不明确，摆放该故事情节与打扫卫生相关的物品少了。

1 《早点》谭碧辉

　　画面人物刻画生动到位，人物位置安排也比较合理，作者有很好的造型功底，但人物之间的互动性欠佳。

2 《早点》谭碧辉

　　主题鲜明，刻画得非常自然生动，可看出作者有较强的造型能力和空间意识，是一幅非常不错的作业。

3 《用餐》谭碧辉

　　人物效果不错，主次分明，但主体人物的腿感觉断了。

《街角》林中星　　　　　　　　画面构图比较稳定，人物叠压关系非常不错，人物衣服刻画也
比较轻松，添加的物品丰富。

1 《街角》杨坤芳

整体构图不错，人物之间的关系联系贴切，故事性强，好像在听主体人物在讲述什么。但是单个人物塑造欠佳，比如说前景人物手部刻画简单，结构出现了问题，上身偏短。

2 《街角》胡蓉

画面人物空间安排有些怪异，背景人物脑袋过大造成严重的比例问题，人物表情倒是刻画得非常生动。

《故事会》李善荣　　　　　　　　主题鲜明，人物造型生动，不足之处是表情过于一致，没有变化。

1 《市场一角》谭碧辉

　　主体人物表现生动充分，周围场景过于
简单。

2 《市场》胡蓉

　　整张画面构图不错，人物安排比较合理，
但是感觉空间关系有问题，尤其是前景桌子
和围墙的透视出现了问题。

3 《市场》文佳

　　画面气氛很足，主题突出，人物神态刻
画细微。画面远景第三个人物处理和前景人
物有些脱节，主体人物上半身胳膊结构出现
了问题。

《上学》谭碧辉

画面充满生活气息，人物表情丰富。

1 《音乐类》谭碧辉

　　构图饱满，很有张力，人物叠压关系清楚，空间处理到位。

2 《放学》贺菀婷

　　画面中人物比例出现了问题，而且脸部特征刻画欠佳。整体画面三角形构图安排还是不错的。人物在地面上的投影处理有些草率，没有形的概念了。

3 《上学》欧阳晴

　　人物造型自然生动，很好地体现了人在奔跑中的状态，不足在于后面人物过于虚化。

1 《城市一角》李善荣

平行构图非常饱满，似中国画的散点透视，很有趣，主题鲜明。

2 《旅行》李善荣

画面表现手法丰富，人物造型生动，不足之处在于构图不够饱满。

1 《学校》林中星

　　构图饱满，线条流畅自如，人物之间的前后关系清晰。

2 《中秋节》李璇

　　画面气氛渲染得不错，但要加强对人物结构比例的研究。

3 《演出》杨坤芳

　　画面气氛很足，主题突出，人物神态刻画细微。画面远景第三个人物处理得有点草率，背景处理过于简单，还可以交代丰富些。

1 《钓鱼》曾金惠

　　画面构图饱满，人物表情自然生动，不足之处是背景显得不够充分。

2 《钓鱼》陈达

　　画面构图比较稳定，人物叠压关系非常不错，人物衣服刻画也比较轻松。添加的物品丰富，如果画面人物钓鱼动态再明确些会更好。

3 《野餐》曾金惠

　　三角形构图饱满，前后空间关系清楚，单个人物刻画细致入微，表情生动有趣。

1 《市场一角》谭碧辉

人物表现很帅气，线条优美。

2 《市场》万齐华

画面气氛很足，菜市场买菜一角的主题突出，但人物神态刻画欠佳。画面远景第三个人物处理得有点草率，不过画面背景处理得非常不错。

3 《市场》付雅玲

画面构图太满，前景三个篮筐静物一排的形式感不是特别好，刻画也略显简单，人物之间的表情沟通不够。

1 《理发》谭碧辉

　　构图饱满，人物前后叠压清晰，关系明确，人物动态生动自然。

2 《理发》谭碧辉

　　三角形构图比较饱满，人物造型生动有趣，线条轻松自然，人物空间叠压清晰，不足在于局部结构表现错误。

3 《看牙》谭碧辉

　　构图饱满，人物造型准确生动，刻画细致入微。

1 《旅行》谭碧辉

　　构图饱满，人物刻画非常深入，体现了作者很强的造型能力，不足在于还要加强对人物结构的研究。

2 《旅行》谭碧辉

　　轻快的动态，幸福的表情，生动自然。

3 《游戏》谭碧辉

　　画中人物刻画还是比较深入的，但是右边人物出现了明显的空间位置问题。

1

2

3

1 **《写生》谭碧辉**

该生构图能力和塑造能力还是非常不错的，对服装的褶皱投影处理也是很讲究的，这是一张不错的作业。

2 **《组合写生》谭碧辉**

这是一张很不错的常规写生作业，用线肯定、流畅，人物表情刻画生动。

3 **《作业》刘怡琳**

这张构图非常稳定，人物的高低位置叠压关系处理不错，主体人物的头部刻画也非常到位。

1 《看病》谭碧辉

　　这是一张不错的作业，饱满的构图降低了作者画场景的难度。

2 《休息》文佳

　　整体构图不错，作者对人物之间的关系处理得也比较贴切，画面气氛感也很足，唯一不足就是人物比例结构出了问题。

3 《等车》谢子晗

　　火车站一角也是场景速写中一个很重要的题材，可以表现等待、相遇等关键词。画面场景的处理非常到位，能感觉到经过作者的精心安排。人物刻画还可以再加强些，这样画面效果可能会更好。

1 整体效果还不错，但还要加强形体比例结构的研究。

2 人物生动自然，线条流畅，主次虚实分明，整体节奏感强，是一张优秀的考卷。

3 这是一张优秀的速写试卷，神态自然，笔法老练，画面轻松自然，如果手还稍稍大一点就完美了。

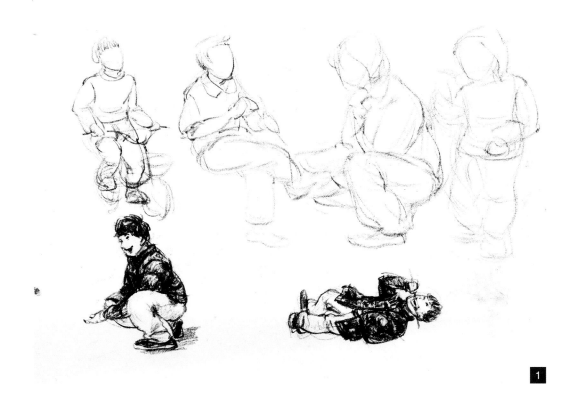

1 各种动态感受练习，作者表现生动自然。

2 步骤。

3 单个人物练习。

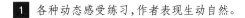

1 单个人物动态的收集，在场景速写中是一个很重要的环节。

2 神态不错，比较生动，但两只鞋子画反了。

1 人物表现完整生动，是一张很好的人物速写。

2 画面人物表现充分，生动自然，手法老练，体现出了学生扎实的基本功。

单个人物练习。

单个人物练习。

　　在场景速写当中积累这样的单个人物素材是很有必要的，尤其是把人物用最简单的方式记录他的动作及规律，在场景默写当中也是很有必要的。

　　单个人物练习是非常必要的，把单个人物刻画得细致入微能很好地提高考生的造型能力。

第四节 设计基础

一、课程简介

设计基础课程包括黑白装饰画、彩色装饰画、创意速写、字体设计、设计素描、平面设计、产品设计等基础设计类课程。这些课程都需要涵盖相同的知识结构以构建整个设计基础的理论基础，其中包括设计相关的形式美法则和平面构成、色彩构成、立体构成三大构成理论。

二、课程目标

总体目标：

由浅入深、循序渐进地介绍了设计基础、构成与造型、设计与表现方法、造型的基本要素、深入造型的方法、构成的形式法则、设计案例研究与分析等相关的设计基础内容，它将理念与方法穿插于学生作品解析之中，方便学生学习和接受，并有助于学生对设计构成产生兴趣，为今后的专业学习奠定良好的基础。

能力目标：

1. 具备较深刻的审美能力，能够从形式美感的角度提出问题与看法。

2. 具有设计思维能力，能够将设计思维与各设计学科很好地结合。

3. 具有较强的设计表现力和美感表达能力。

4. 具有对各类设计作品的赏析能力。

知识目标：

1. 理解形式美法则的概念和意义，了解三大构成的基本语言。

2. 了解代表性高校的作品与风格语言。

3. 理解设计基础的内涵的具体表现方法。

4. 掌握创造性思维与独特平面化过程。

素质目标：

1. 具备正确的审美素养。

2. 构建正确的作画观念。

三、课程安排

课题一 从造型到设计

课题时量：

3 课时。

教学内容：

通过高校考题分析、高校优秀试卷赏析，了解设计作品中基本的形式美法则；掌握设计基本定义。分析设计要领。启发学生转换思维（头脑风暴法则），提高学生对于设计的鉴赏水平，讲解设计类型。

训练要求：

通过横向联想、纵向联想的训练，对方、圆、三角展开联想，各完成 20 张以上的联想训练。

训练目的：

通过从思维到实践再到画面美感的连续性训练，锻炼学生设计思维的能力，加深对形式美法则的认识。

训练提示：

思维能力训练。

1. 对文字的思维拓展。

2. 对图案的思维拓展。

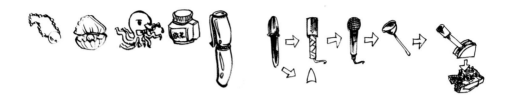

课题二 形式美法则在设计基础中的运用

课题时量：

14 课时。

教学内容：

了解形式美法则的基本内涵，详细讲解形式美法则中的比例与尺度、对称与均衡、对比与调和、节奏与韵律几个知识点；具体赏析典型意义的设计代表作，提高审美修养。

训练要求：

通过单个工业产品的黑白表现方式，来培养用形式美感的眼光观察对象，并且能够清晰地表达物体的结构关系，培养学生具备形式感的强烈意识。

作业量及尺寸：

10cm×10cm，3～5个。

训练目的：

了解、熟悉形式美法则的基本运用原则。

了解造型能力与设计能力的关联性和区别性。

课题三 设计大师作品研究

课题时量：

12 课时。

教学内容：

1. 对具体大师的了解与分析。

2. 对该大师作品的三大构成的运用进行研究。

3. 提炼出基本设计规律，并做文字练习。

4. 总结每位大师的特征，提高对色彩的认识与修养。

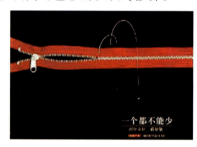

训练要求：

联想的内容一定要新颖、不落俗套，且一目了然，内涵明确。

作业量及尺寸：

8 开，2 张。

训练目的：

进一步深化设计思维能力的培养，熟练运用头脑风暴法则。为平面设计的课程和后续彩色装饰画课程打下基础。

课题四 构成与造型、设计与表现课程

课题时量：

28 课时。

教学内容：

指导装饰画练习的表现方法。

1. 正确的审美观念，准确的结构表达。

2. 正确的作画步骤及画面整体布局、安排的思考。

3. 正确的表现方法。

训练要求：

充分体现画面的形式美感，对画面物体结构的表达准确到位，丰富复杂，整体画面层次丰富，手法多变，造型深入、有美感，作业整齐干净，并养成良好的作画习惯。

作业量及尺寸：

8 开，6 张作业。

训练目的：

能熟练地掌握形式美法则，对画面黑白灰、点线面、大中小、前中后、方圆三角的意识有深刻的理解，熟练掌握作画步骤，熟练掌握作画工具。

课题五 构成的形式法则（平面化）

课题时量：

28 课时。

教学内容：

1. 理解彩色装饰画的组织构成。

2. 搜集不同装饰手法进行表达，构成有形式美感的画面。

3. 提醒学生对于描绘对象要注意认真观察其结构，掌握其特征，根据不同的质感，改变装饰手法。

训练要求：

掌握彩色装饰画的表现方法，锻炼精微细部的刻画能力。

追求物体结构的表现高度。

作业量及尺寸：

4 开，4 张作业。

训练目的：

本课题的练习，就是要求学生通过训练能熟悉应对各种题目类型，对人物、工业产品、花卉、蔬菜等命题式题型都熟练掌握其技巧。

课题六 设计字体训练

课题时量：

14 课时。

教学内容：

本课题训练主要是了解字体的基本构架、进行归纳总结并进行变形表现。从 POP 字体入手，逐步过渡字体变形。

1. 提醒学生注意字体的基本比例、间架结构关系。

2. 注意字体的规律及变形的基本原则。

3. 注重真题练习，加深对字体的理解和把握。

训练要求：

了解字体规律、掌握字体规律、运用字体规律进行表现变形。

作业量及尺寸：

8 开，12 张作业。

训练目的：

通过本课题训练，学生能加深对字体间架结构规律的认识和理解，并能运用基本字体规律和方法来表现变形。

课题七 工业产品训练（包括设计说明）

课题时量：

12 课时。

教学内容：

本课题训练主要是对工业产品造型和产品功能的拓展以及产品设计说明的写法进行训练。

1. 工业产品严谨的结构规律。

2. 产品功能拓展的创新性、实用性及可行性分析。

3. 设计说明的字体严谨、位置讲究、趣味性添加。

训练要求：

了解工业产品的结构规律，掌握产品功能拓展的规律，运用前面字体训练把设计说明写得具备美感。

作业量及尺寸：

8 开，6 张作业。

训练目的：

通过本课题训练，学生能加深对工业产品结构规律的认识和理解，并能对各类型人群常见的物品进行设计和说明。

作业分析

题例：《喷壶》

"喷壶"是模拟鲁迅美术学院考题做的练习，这道题目对学生的造型能力、构图能力、色彩安排能力、画面整体安排能力都有较高的要求。结构上需要对关键结构进行夸张，强化关键且复杂的主要结构并进行深入表达；构图上需要物体之间相互联系，主次有序；色彩安排上需要色调明确，冷暖对比关系强烈。

如图：

《喷水壶》苏聪慧

　　整体画面营造出了一种清晰、明朗的作品氛围，主体物刻画得精细生动，形象饱满充实。画面亮丽，刺激，尤其是留白的位置让画面透气，留有视觉遐想空间。

《喷水壶》李晓倩

　　这张学生作品色调采用简单明快的补色对比，辅以中间色系进行调和，围绕主体物进行构图，将形象有秩序地组织起来，形象表达明确，画面元素丰富。缺点是小稿子的处理过于草率、简单。

《喷水壶》袁倩思雨

画面带来一种洒脱的流畅感觉，构图完整，疏密有序，节奏控制力非常强，主体形象简洁明快而又不失饱满。色调高雅明快，和谐自然。尤其是装饰手法上面的自信、流畅、丰富，是一幅比较突出的优秀作业。

《喷水壶》彭程

画面采用了直线分割背景，营造出了一种清晰、明朗的作品氛围。主体物刻画得精细生动，形象饱满充实。画面亮丽、刺激，但是画面右下角的层次在处理上显得简单，不够丰富。

《喷水壶》李嘉玲

主体物刻画有美感，画面元素表现饱满，形象布局主次分明。装饰分割能够有机地融入画面的形象刻画，增强视觉的节奏感。画面气氛活跃，易感染人。小稿子的处理简洁且深入，能够看出该生深入结构刻画的能力。

《喷水壶》李嘉

画面主体突出，塑造得非常深入，构图完整，形象生动且饱满。主次节奏感强烈，整体画面气氛轻松且厚重。画面中黑色的框边效果极具形式美感，并且使画面强烈的色彩和谐统一起来，既统一明快，又有明度的色差跳跃，产生了一种色彩交响效果。

《喷水壶》邓玉丹

　　流畅地运用了具有夸张感的装饰性线条来勾勒刻画，形象突出，主次分明。色调协调，色彩丰富，装饰分割能够有机地融入画面的形象刻画，增强视觉的节奏感。缺点是主体物以外的物体结构感显得单薄，装饰手法也略显单调。

《喷水壶》袁倩思雨

　　画面主体突出，构图完整，形象生动且饱满。节奏感强烈，采用了冷暖色对比的手法。画面中黑色的框边效果极具形式美感，并且使画面强烈的色彩和谐统一起来。色调既统一明快，又有明度的色差跳跃，产生了一种色彩交响效果。

《喷水壶》唐泽坤

思路表达清晰,表现语言生动,利用高明度的亮色系突出主体形象,刻画有美感。画面元素表现饱满,形象布局主次分明。立体感较强烈,形成很强的视觉冲击力。

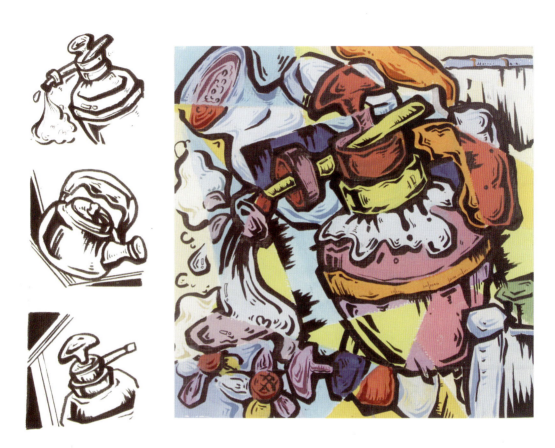

《喷水壶》邓畅

　　形象处理概括统一，线条运用灵活，构图丰富而饱满。这张作业体现了该学生有丰富的造型经验，形象生动、完整，收放自如。细节刻画细致入微。形象元素塑造得生动，用笔肯定，不拖沓，形象之间虚实有序。

《喷水壶》邹小雅

　　画面整体的形象处理概括统一、完整，收放自如。线条运用灵活，构图丰富而饱满。动感的曲线与背景之间形成鲜明的动静对比，弥补了用简单形象作主体物的缺憾。色彩干净，图形组织乱中有序。

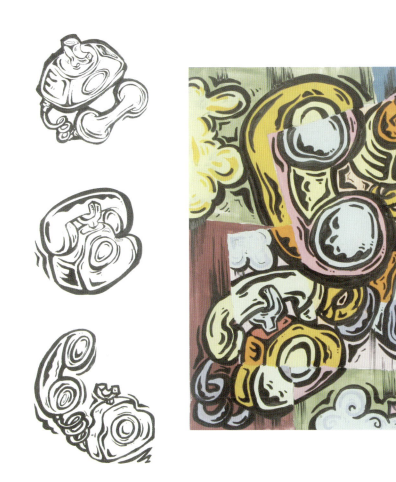

《电话机》吴佳瑶

　　画面流畅地运用了具有夸张感的装饰性线条来勾勒刻画，形象突出，主次分明，带来一种洒脱的流畅感觉。颜色上既统一明快，又有明度的色差跳跃，产生了一种色彩交响效果。

《电话机》言璐

动感的曲线与背景之间形成鲜明的动静对比，位置和面积的合理安排，使画面有活力又不失稳重。用笔轻松自然，不拘泥于小节。

《电话机》彭程

　　这幅作品在体感及质感的处理上，运用简洁、短促、有抖动感的线条简单明了地交代了元素的形体关系，又不破坏画面的整体感。熟练地运用线的粗细变化分别应对主要形象的刻画，思路表达清晰，表现语言生动，注重点线面关系的安排，装饰感强，做到了既有秩序又有对比的视觉效果，是一幅非常不错的作品。

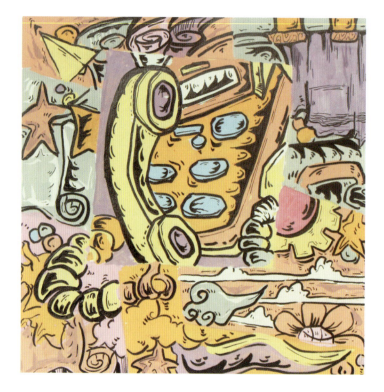

《电话机》李媛

　　画面中浅色的安排使得画面很透气，色彩有力而突出层次，设计语言丰富，手法运用纯熟，节奏感强。细节处理精致，色彩处理富有变化且不杂乱，弥补了用简单形象作主体物的缺憾。

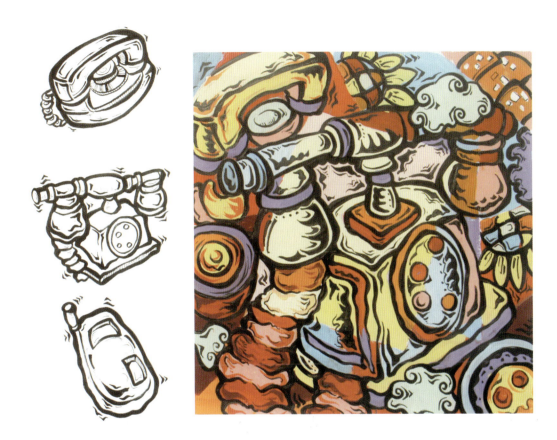

《电话机》袁思危

画面组织疏密有序，让画面有很强的情节延续感。形象元素塑造生动、有童趣，取舍有度；用笔肯定，不拖沓，形象之间虚实有序。细节处不惜笔墨，图形组织乱中有序。色调明确，色彩感强烈，在以红色为基调的基础上，点缀蓝色，让画面极具色彩吸引力。

《灭火器》玉珊

　　画面整体的分割具有形式美感，分割式构图将主体物按一定的顺序前后叠压，营造出生动跳跃的构成美感。整体色调协调，有格调。运用简洁、短促、有抖动感的线条简单明了地交代了元素的形体关系，形成画面合理的、有趣味性的装饰味道。小稿子的表现力强，有较为生动的塑造。

《灭火器》包燕

　　画面中线的排列方式根据体面关系和光影关系而加以变换，这点显得很难得。整体色调和谐，有趣味性，但主体物处理较简单，缺乏一些美感，整体不够深入。三张小稿子刻画深入，但缺少对画面的把握能力，显得不完整。

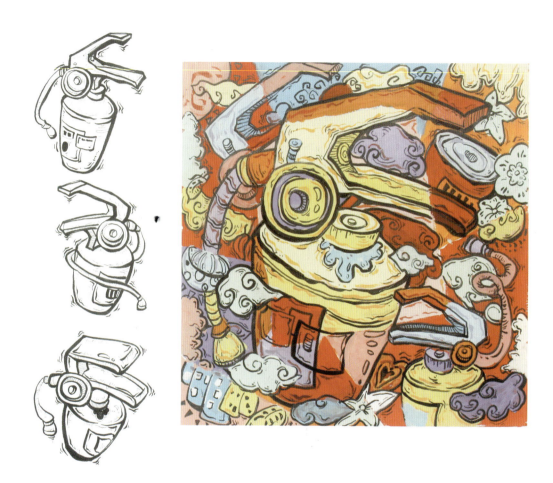

《灭火器》钟广慧

画面色调高雅明快，和谐自然，构图完整，疏密有序。主体形象简洁明快而又不失饱满，带来一种洒脱的流畅感觉。装饰性物体的造型大小比较一致，缺少一些形式美感。

《灭火器》蔡若李

画面以主体色块分割为轴的构图方式对形象元素进行布局，轴两侧元素量的关系处理较为恰当，画面具有均衡感。色调统一和谐，色彩丰富。陪衬物体缺少结构感，塑造显得比较平均。画面形象琐碎、零乱，表现手法不够细致，显得毛糙。

《小女孩、一扇窗户、一碟樱桃、两个花架》汪光华

　　该生利用以繁衬简的手法将画面主体物衬托出来，主体小女孩的形象生动且具有细节，具有强烈的视觉吸引力。背景装饰上颜色、层次的叠压关系清晰，装饰手法丰富，细节的塑造也细致入微。问题出在轮廓的处理上面，缺少层次叠压关系，让画面显得不够完整。

《小女孩、一扇窗户、一碟樱桃、两个花架》郭均兰

　　主体形象结构丰富，细节充分。质感的处理富有变化，立体感较强烈，形成很强的视觉冲击力。刻画有美感，画面元素表现饱满，形象布局主次分明。缺点是整幅画的轮廓处理不够统一，显得松散。

《小女孩、一扇窗户、一碟樱桃、两个花架》邹小雅

　　熟练地运用线的粗细变化分别应对主要形象的刻画，思路表达清晰，表现语言生动，细节处理精致，结构的塑造上富有变化且不杂乱，整体画面的黑白灰关系协调自然。缺点是物体的框边处理上面变化不够明显，主体物小女孩的主体地位不够明确。

《小女孩、一扇窗户、一碟樱桃、两个花架》邓佳妮

　　画面带来一种洒脱的流畅感觉，整体构图完整，疏密有序，形象元素塑造得生动、有童趣，取舍有度。线条质量高，不拖沓，虚实有序。这是一幅比较突出的优秀作业，在质感的处理上富有变化，手法丰富，形成很强的视觉冲击力。

《小女孩、一扇窗户、一碟樱桃、两个花架》陶夏漪

层次感强，设计语言丰富，手法运用纯熟，节奏感强，形象处理概括统一，线条运用灵活，构图丰富而饱满。

《小女孩、一扇窗户、一碟樱桃、两个花架》邓畅

画面节奏感强烈，构图完整饱满，熟练地运用线的粗细变化分别应对主要形象的刻画。装饰性物品的处理给画面营造一种深入丰富的画面效果。不足的是画面形象琐碎、零乱，表现手法不够细致，显得毛糙。

《小女孩、一扇窗户、一碟樱桃、两个花架》邓佳妮

画面主体突出，构图完整，疏密有序，形象生动且饱满，节奏感强烈。主体物的结构塑造深入，造型具有美感，各个物体的质感表达到位，轻松自如。这是一幅比较突出的优秀作业。

《小女孩、一扇窗户、一碟樱桃、两个花架》李善荣

画面围绕主体物进行构图，将形象有秩序地组织起来，思路表达清晰，表现语言生动、丰富，框边技巧运用得比较娴熟。在体感及质感的处理上，运用较少的灰色马克笔使画面的颜色层次丰富起来。

《小女孩、一扇窗户、一碟樱桃、两个花架》姚婷

　　整体画面做工精细，这是一张优秀的装饰画的基本品质。质感的处理富有变化，立体感较强烈，形成很强的视觉冲击力。主体物刻画有美感，尤其是小女孩眼睛的刻画，体现了学生对物体造型及结构表达的理解和造型的能力。画面陪衬元素表现饱满，形象布局主次分明，有较好的画面层次关系。

《小女孩、一扇窗户、一碟樱桃、两个花架》李晓倩

　　画面采用了圆形构图，这种构图方法让画面显得饱满生动。元素的运用非常丰富，在物体的塑造上有很大的耐心。框边的装饰手法让画面层次分明，手法娴熟。但是整体画面的颜色层次略微平均，如果黑白灰关系采用简单明快的色差对比，辅以中间色系进行调和，画面效果将会更好。

《小女孩、一扇窗户、一碟樱桃、两个花架》包燕

这张作业体现了该学生丰富的造型经验，形象生动、完整，收放自如，细节刻画细致入微。小女孩选择的是背面角度，让画面有很强的情节延续感，同时又不丢失结构。画面组织疏密有序，造型元素丰富，但元素大小显得过于雷同，缺少美感。

《小女孩、一扇窗户、一碟樱桃、两个花架》冯蒙

画面主体突出，构图完整，形象生动且饱满，在体感及质感的处理上，运用简洁、短促、流畅的线条简单明了地交代了元素的形体关系，又不破坏画面的整体感，思路表达清晰。

《小女孩、一扇窗户、一碟樱桃、两个花架》袁倩思雨

主体形象留白，但结构复杂深入。背景的处理有较强的美感理解，尤其是对黑色块的处理上面，透气且具有美感，既烘托了整体画面的气氛，又增加了画面的层次叠压关系，显示出学生对画面较强的控制能力。

《小女孩、一扇窗户、一碟樱桃、两个花架》卢雅梅

画面中浅色的安排使得画面很透气，设计语言丰富，线条运用灵活，构图丰富而饱满，形象元素塑造生动、有童趣，取舍有度。不足的是主体形象不够突出，画面整体略显平均。

《雨伞》卢雅梅　　　　画面以对角为轴的构图方式对形象元素进行布局，轴两侧元素量的关系处理较为恰当，画面具有均衡感。画面元素概括且具有美感，简洁且形式丰富，展现了学生较强的造型功底和美感理解能力。

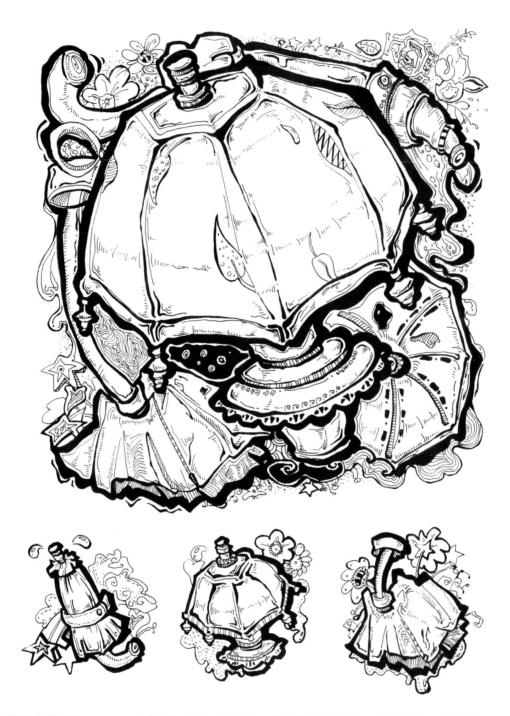

《雨伞》帅思城　　　　　主体物的选择上思路清晰，物体结构丰富复杂，其他物体围绕主体物进行构图，将形象有秩序地组织起来。形象表达明确，画面元素丰富，线的排列方式根据体面关系和光影关系加以变换，精致且深入。

《雨伞》姚婷

思路表达清晰，表现语言生动，注重点线面关系的安排，装饰感强，做到了既有秩序又有对比的视觉效果。细节处理精致，手法运用纯熟，节奏感强烈。

《雨伞》彭卓

画面对于主体形象的选择非常好，结构清晰，具有美感且充满童趣，利用高明度的亮色系突出主体形象，质感的处理富有变化。不足的是画面背景形象零乱、不够细致，显得毛糙。

《雨伞》范紫京　　　　该学生在画面中注重点线面关系的安排，装饰感强烈丰富，做到了既有秩序又有对比的视觉效果。主体物处理较简单，缺乏一些美感，但形象元素塑造生动，取舍有度，用笔肯定，不拖沓。这是一张优秀的作品。

《画室一角》邓佳妮　　　　画面注重点线面关系的安排，装饰感强，画面中重色的处理合理，含蓄且具有美感。装饰手法运用纯熟，节奏感强烈。单个物体练习做得比较草率，缺少这种工业产品的结构美感。

《画室一角》杨建思

画面以对角为轴的构图方式对形象元素进行布局，轴两侧元素量的关系处理较为恰当，画面具有均衡感。熟练地运用线的粗细变化分别应对主要形象的刻画，主体物结构塑造深入，这点做得很好。但细节处理不够精致，缺乏一些美感。

《画室一角》袁思危

该学生在主体物的选择上选择了结构丰富复杂的工具箱顶面角度，显得思路清晰，形象简洁明快而又不失饱满，整体装饰感强烈，营造出了一种清晰、明朗的作品氛围。

《画室一角》包依杭

　　这幅作品在主题物上添加的透明胶非常合理，既增加了画面的线性元素，又丰富了主体物的结构。整体画面的气氛和谐统一，装饰手法丰富自然。不足的地方是左下角的颜料和右下角的胶带都是圆形元素，且都压住画面的一个角使得画面过于平均。

《画室一角》彭卓

　　画面采用了直线分割背景，叠压式构图将主体物按一定的顺序前后叠压，流畅地运用了具有夸张感的装饰性线条来勾勒刻画，形象突出，主次分明。

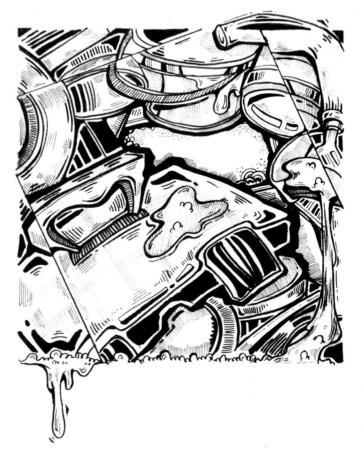

《童年回忆》陶夏漪

　　细节处不惜笔墨，图形组织乱中有序，细节处理精致，黑白灰处理富有变化且不杂乱。注重点线面关系的安排，装饰感强，做到了既有秩序又有对比的视觉效果。装饰的笔墨运用在丰富结构上面，让画面显得厚重，有内容。

《童年回忆》冯蒙

这张作业体现了该学生有丰富的造型经验，形象生动、完整，收放自如，细节刻画细致入微。画面组织疏密有序，有很强的情节延续感。

《童年回忆》杨健思

叠压式构图将主体物按一定的顺序前后叠压，展示出学生较强的画面控制能力，物体的质感表达准确到位，装饰手法丰富统一，具有美感。流畅地运用了具有夸张感的装饰性线条来勾勒刻画，形象突出，主次分明。

《童年回忆》李婧远

　　在体感及质感的处理上，运用简洁、短促、流畅的线条简单明了地交代了元素的形体关系，又不破坏画面的整体感。画面总体上概括，思路表达清晰，表现语言生动。

《童年回忆》范紫京

　　主体物形象在整幅画面里明确、生动，形象感强烈，有故事性。画面中浅色的安排使得画面很透气，物体形象生动、完整，收放自如，细节刻画细致入微。

《放学回家的路上》苏聪慧

　　该生在主体物选择上充分地展示了其造型能力，形象元素塑造生动、有童趣，结构感强烈，取舍有度。用笔肯定，不拖沓，形象之间虚实有序。

《水的容器》袁思危

　　画面气氛活跃，具有较强的视觉冲击力，主体物刻画有美感，画面元素表现饱满，形象布局主次分明。装饰手法能够有机地融入画面的形象刻画，增强视觉的节奏感。

《水的容器》蒋若李

　　围绕主体物进行构图，将形象有秩序地组织起来，利用画面形式感分割的方式让画面具有节奏感。位置和面积的合理安排，使画面有活力又不失稳重。

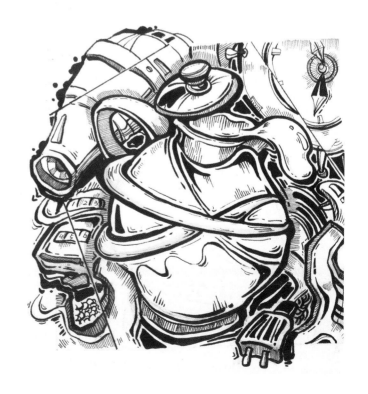

《水的容器》柳振宇

　　这张作业体现了该学生有
丰富的造型经验，形象生动、
完整，收放自如，画面中黑色
的框边效果极具形式美感和张
力，并且使画面和谐统一起来。

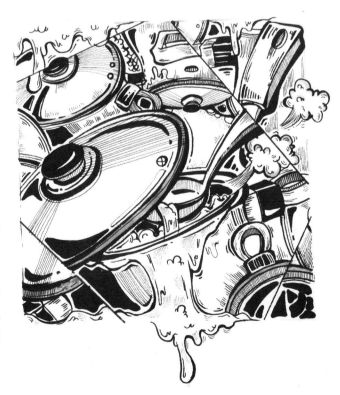

《水的容器》彭卓

　　画面色块明确生动、有序，符
合形式美感。细节的塑造也细致入
微。黑白灰层次既统一明快，又有
明度的色差跳跃，产生了一种黑白
灰的交响效果。叠压层次深入丰富。
缺点是物体的结构塑造还是略显简
单、单薄。

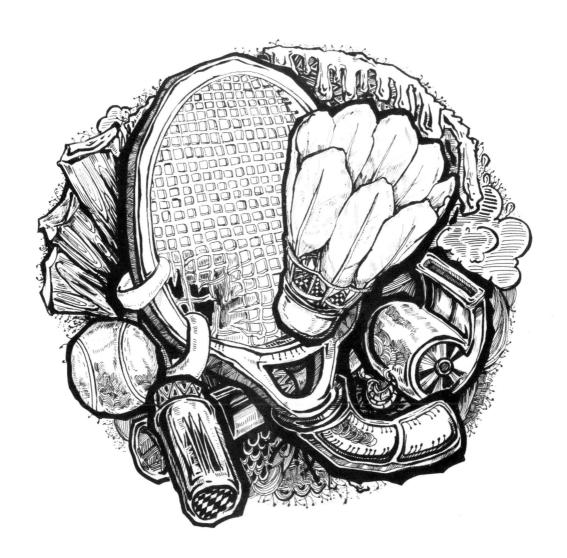

《体育老师的办公室》袁倩思雨

画面主体突出，构图完整，疏密有序，形象生动且饱满，节奏感强烈。主体物的结构塑造深入，造型具有美感，各个物体的质感表达到位，轻松自如，是一幅比较突出的优秀作业。

《体育老师的办公室》周曼

画面采用高明度的方式营造气氛，带来一种洒脱流畅、和谐自然的感觉。元素组合合理丰富，但缺少结构，塑造的每个物体显得过于平均。

《体育老师的办公室》陶夏漪

主体物刻画得精细生动，形象饱满充实。色调采用简单明快的亮色对比，辅以中间的灰色进行调和，让整体画面有序地组织在一起。缺点是画面中细碎的装饰手法运用过多，让整体画面显得有些细碎。

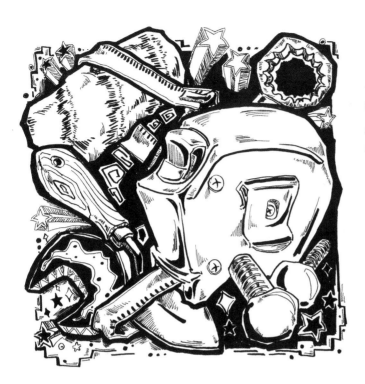

《体育老师的办公室》袁倩思雨

　　画面中层次感强，设计语言丰富，形象处理概括统一，用笔轻松自然，不拘泥于小节，缺点是右下角的框边过于死板，黑色块缺少内容和层次。

《体育老师的办公室》陶夏漪

　　主体物形象极具形式美感，并且塑造深入，用最少的笔墨展示了尽可能深入的效果。动感的曲线与背景之间形成鲜明的动静对比，用笔肯定，不拖沓，形象之间虚实有序。不足的地方是主体物的位置将画面分割成两个相似的负形，画面过于平衡，缺少整体画面的美感。

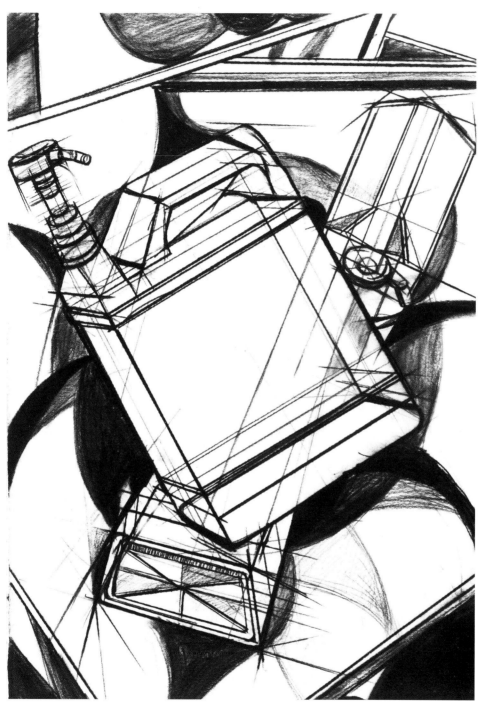

《喷水壶》
李晓倩

画面的整体分割采用方圆结合的方式，让整体画面具有形式美感。
物体的塑造上，线条的质量比较高，但透视不够严谨，瓶子的底视图
和顶视图位置的安排欠缺考虑，让两个物体形成一条对角线，破坏了
整体画面的构成感。

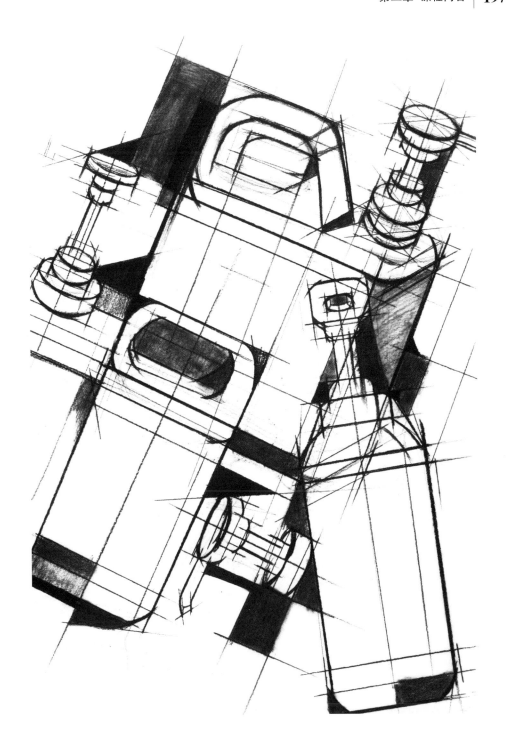

《洗洁精》
袁梦婷

整体画面表现得比较轻松，画面的分割自然轻松，但主体物的塑造不够深入，结构感不强。形式感上，正视图和侧视图连成了一条直线，有点破坏了画面分割的轻松感。

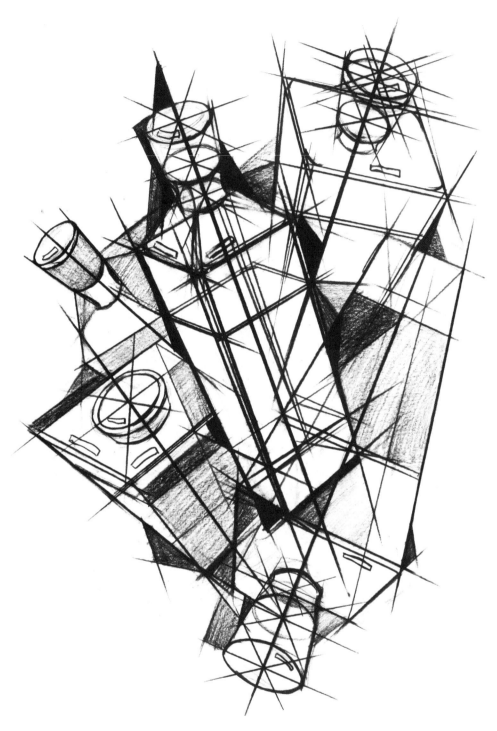

《红酒瓶》
谢明君

画面整体效果严谨，物体位置安排合理讲究，线条的轻重起伏关系协调，主次分明，缺点是画面略显有点空，四个角空的有点多，总体上是一副优秀的作品。

《红酒瓶》
李嘉玲

画面分割协调自然，黑白灰、大中小、方圆三角的安排得当，展示了学生对整个画面的控制能力。缺点是物体的结构不够完整、严谨，圆的透视问题比较明显。

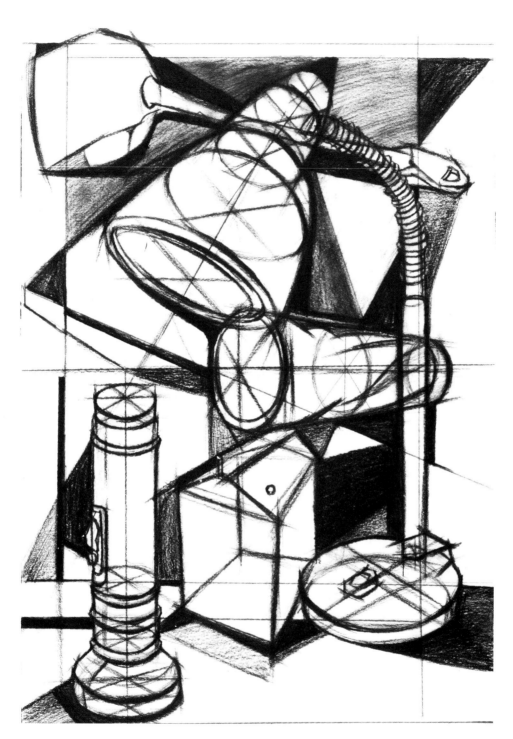

《手电筒、牛奶瓶、纸杯、台灯、锅铲》
殷柳倩

画面整体构图饱满，位置安排合理，对于线性的物体安排具有思路性。整体画面分割上，黑色块的安排欠缺思考，没有大小变化，物体结构也不够深入。

CHUANGXINXING
RENCAI PEIYANG
创新型人才培养

第三章
课程规划

第一节 教学规划

美术教育创新实验班专业教学规划（高一上）

周次	教学内容	训练要求	实现目标
1 2 3	石膏几何体与静物组合，石膏挂面与静物组合	中短期作业为主。 构图完整，刻画深入，关系明确。 对物体的不同质感能够较好地区别与表现。	学生能够较为熟练地表现物体和控制画面效果。 能够灵活运用线条，线形有效结合。 质感有所区别。
4 5	素描静物写生速写基本知识	短期作业为主。 注重构图。 物体表现主次有区别。 讲解人体比例，动态和结构。	通过短期的作业练习，学生能够在短时间内抓住大关系，并处理好基本的黑白灰层次。 掌握速写基本知识和基本作画方法。
6	人物速写和生活速写讲解与训练	了解人物速写的基本知识、表现方法以及在美术基础训练中的重要意义，了解和记忆人体基本结构和比例，训练正确的观察和表现方法。 讲解示范风景速写的基本要领。 适当添加人物，注意植物的生长特点和建筑的透视。 写生临摹相结合。	能够熟练地掌握某种表现技法；准确生动地表现人物的精神状态。 学生养成天天画速写的良好习惯。 掌握不同的速写表现技法，把握主次与疏密关系。
7 8 9	素描静物组合写生	对不同质感有较好表现。 画面塑造完整深入。 空间感强，画面气氛和谐统一。	培养学生深入刻画的能力，较好地把握画面的主次关系，画面完整。 处理好基本的黑白灰层次。 掌握各种表现技法，注意主次与疏密。
10	期中考试	静物素描、速写。	
11 12 13 14 15	静物和五官、手脚结合写生	中长期作业为主。 造型准确，刻画深入。 能够较好地体现出石膏的质感。	通过中长期作业的练习，学生能够在有限的时间内高质量地完成作业。
16 17 18 19 20	长期作业和简单石膏写生	长期作业和短期作业相结合。 构图合理、完整。 造型准确，刻画深入。 能够较好地体现出石膏的质感。 黑白灰层次丰富，画面整体协调统一。	长期作业的练习，使学生的观察能力以及表现能力得以提高，同时提高他们对素描的兴趣。
21	期末考试	人物速写、石膏圆雕。	检测学生对知识的掌握情况。
	寒假	自主学习。	

美术教育创新实验班专业教学规划（高一下）

周次	教学内容	训练要求	实现目标
1	美术字	讲解传统的黑宋字体、变体美术字、拉丁字母等字体的基本书写要点。作业量适中，学生能够保质完成。	学生能够较好地把握各种字体的书写表现，具备基本的表现能力，较好地运用各种字体。
2	图形创意设计	开发和拓展学生的创造意识和创新能力。讲解图案的写生与变化，图案处理方式。注意画面美观、大气，形式感强，并具备一定表现力。掌握设计工具材料，以增强画面表现效果。	通过大量范例的展示，举一反三地训练，打开学生的设计思路。将所思所想，用图形的方式表现出来。做工讲究，画面效果整洁，大方。
2	色彩构成	结合课件讲解色彩构成的有关概念。讲解写生色彩与装饰色彩的联系与区别，以及各自的应用特点。注重每个环节的作业练习，作业量安排合理，保证作业质量。注意优秀作业的收集。	通过教师的讲解，学生能够较好地把握色彩的三要素、色彩的混合、色彩的对比、色彩的调和等概念，在学习过程中能够熟练地应用色彩，合理地搭配色彩，较好地控制画面的色调，具备基本的色彩组织能力。
3 4 5	常规静物素描写生与设计素描	观察与表现各种材质，强化构图组织与黑白灰表现能力、空间虚实和物体质感表现能力。要求构图完整，结构准确，空间和质感明确，有一定的黑白灰和色调的处理能力，适量加入背默训练，强化学生组织和表现能力。	学生能够注意组织画面的各种关系，准确地表现物体的结构特征和比例。能够运用黑白灰组织画面色调，运用虚实对比处理画面的空间感，掌握静物短期作业的技巧，掌握1-2种表现画面的方法。有一定记忆和默写能力。
6 7 8	色彩临摹、写生	讲解色彩的基本理论知识。短期作业为主，强调画面的整体效果。色调和谐统一，物体塑造结实生动。	学生能够较好地利用规定的时间作画，对于画面的整体效果能够较好地把握。
9	期中考试	设计素描、色彩静物写生、速写。	检测对知识的掌握情况。
10 11	中小型石膏圆雕写生	中长期作业。造型准确，刻画深入。能够较好地体现出石膏的质感。黑白灰关系明确。整体协调统一完整。	通过长期作业的练习提高学生的观察能力、表现能力，提高学习兴趣。通过短期作业的练习，学生能够在有限的时间内高质量地完成作业。
12 13 14 15	色彩风景临摹色彩风景写生	讲解色彩风景的表现技法。指导学生进行一周时间的临摹。组织学生外出写生一周，注意引导学生写生时感受的抒发。	在临摹中较好地把握画面的构成、虚实和色彩的调和。在写生中较好地组织画面，对景物进行归纳，色彩丰富，画面完整生动。
16 17 18	色彩静物写生	掌握色彩的调配规律，冷、暖色和色彩关系的概念以及在绘画中的运用，水粉画的基本技法和作画步骤。理解和掌握作画步骤，注意画面构图完整和虚实、空间感的表现及素描和色彩关系在画面中的运用和体现。	学生能够以冷暖的意识去表现画面，而不仅仅局限于素描关系。能够熟练地掌握水粉画的作画方法及其步骤，形与色结合完美。短时间内能够控制画面效果。
19	期末考试	石膏头像写生，色彩静物写生，组合速写。	
暑假		自主学习。	

美术教育创新实验班专业教学规划（高二上）

周次	教学内容	训练要求	实现目标
1 2 3 4 5	色彩静物写生	学生能够熟练地掌握水粉画的调色方法，了解作画步骤。 能够掌握正确的观察方法，较好地控制画面效果。 长短期作业结合进行训练。	学生能够熟练地运用色彩表现画面，对于画面的整体效果能够有较为理性的把握。 通过临摹和写生，学生对色彩的感知和表现能力有所提高。学会取舍和重组，画面较为完整、生动。
6 7 8 9	人物头像写生	要求形体、结构准确，黑白灰关系和谐，层次丰富，过渡自然，透视准确。整体局部关系协调。 人物刻画准确、生动，画面和谐统一。	学生能够较为准确地表现人物的基本特征和结构，明暗对比准确，层次丰富，较好地体现人物的精神面貌，画面完整深入，塑造结实有力。
10	期中考试	色彩静物写生，头像写生，双人组合速写。	
11 12	人物头像写生	中长期作业为主，能够关注对象的体貌特征，理解结构之间的转折，深入细致表现对象。	学生能够带着问题作画，及时纠正画面问题，完善画面效果，能够真正地做到认真观察，深刻地表现。
13 14 15	色彩静物写生	正确处理画面空间和透视，做到构图完整，物体刻画结实，空间感强，色彩协调，整体和谐。中期作业为主。	提高学生观察能力和构图及组织画面的能力。对各种物体形体的刻画和质感的表现都能够较好地把握。
16 17 18 19	人物头像写生	中长期作业为主。训练学生深入观察、深入表现的能力。 构图合理，人物形体、结构准确，体面关系清楚，五官透视准确。	通过练习，学生的整体观念有所加强，做到画面整体，造型准确，体面关系清楚，黑白灰关系和谐。能够深入地表现人物的细节。
20	期末考试	色彩静物写生、人物头像写生，场景速写。	
	寒假	自主学习。	

美术教育创新实验班专业教学规划（高二下）

周次	教学内容	训练要求	实现目标
1	装饰基础	学习有关图案的基本知识、图案的组织形式、图案的形式分类、图案色彩设计的基本原理和表现方法、色彩的三属性及图案色彩的搭配方法。培养学生的归纳能力、创造能力、审美能力、想象能力和动手能力。要求图案造型优美、变化协调，并保持原有物体的特征和神韵，色调明朗和谐，纹饰穿插组合合理，布局得当。注意装饰画的创作法则和主观浪漫意识的合理性，注意构图和色彩表现的美感。（注意收集优秀作业）	学生能够根据所提供的内容进行创造性练习，画面完整，元素间穿插得当，构成良好。做工美观细致。通过练习，学生能够独立完成装饰画的命题创作，能够合理地应用色彩，并进行有机搭配，讲究画面的构成效果，制作精良，手绘能力进一步提高。
2	招贴设计 立体构成	讲解招贴的基本特征和设计要素，要注意文字与图形的有机结合。教师讲解三视图的基础知识，学生练习适中。（建议上大课）	学生能够根据要求，合理地设计和安排文字，图形切题，突出主题，做工讲究、精美。学生能够掌握最基本的视图原理，为部分学生进一步学习做好铺垫。
3	单元测试	招贴画。（画面出现图形与文字）	对所学设计知识和课堂教学效果进行检验。
4 5	素描人像写生	限制性训练。要求构图完整，人物形体、结构准确，黑、白、灰关系和谐整体，画面效果生动、响亮。	学生能够在短时间内按照要求完成作业，较好地控制人物的比例结构，画面效果完整突出。
6 7 8	色彩静物写生	中短期作业为主，强调画面的整体效果，用色和谐。	在有限的时间内，学生能够较好地控制画面的整体效果，色彩丰富、统一。
9	期中考试	人物头像写生，色彩静物写生，场景速写。	
10 11 12 13 14	美术基础训练	针对不同层次学生展开不同内容训练，针对造型基础差的学生补差，系统地解决遗留问题。	能够熟练准确地表现人物和静物的造型、黑白体积质感和空间关系，具备各种动态速写的造型能力。
15 16 17 18 19	针对性练习	针对某一组学生的问题进行练习，力求解决实际问题。针对历年考题进行训练，让学生了解考试，理解考试。	针对性练习，使学生能力得以均衡发展。通过对历年考题的训练，学生了解到考试内容，如默写、添加、图片等。让学生对考试有整体的了解和认识。
20	期末考试	色彩静物写生添加组合，素描头像写生，命题速写。	
暑假		自主学习。	

美术教育创新实验班专业教学规划（高三上）

周次	教学内容	训练要求	实现目标
1 2	静物写生 图片写生 默写练习	限制性练习。根据要求添加某些静物、自主组合及默画时的构图和表现能力。针对不同的内容解析侧重点，明确训练目的及要求。	启发学生的主观意识，培养学生理性处理画面和分析色彩的能力。较为熟练地把握构图的要领，能够根据作业的要求，较好地进行背默表现。
3 4 5 6 7	素描头像写生与默写相结合；部分学生中长期的半身像写生训练	结合写生讲解默写训练的技巧和方法，培养学生准确把握人物造型和深入刻画能力。 分析高校的试题要求，明确学生画面效果的发展方向。	学生能够根据写生经验进行默写练习，在短时间内保证画面的完整性、造型的准确性和生动性等。掌握默写的处理办法，对于不同要求的人物形象及角度，都能有较充分的表现。
8 9	综合训练	根据实际情况，进行头像或者色彩的练习，要求学生能够在规定的时间内较好地表现画面。	通过练习，学生能够自主地把握画面的效果。在规定的时间内，让画面完整、协调，有具体的刻画。
9	期中考试	色彩静物默写、人物头像默写、命题速写默写。	
10 11 12 13 14	创意素描 创意设计	通过写生、组合、添加和默画等多种形式进行能力训练。 通过对构图、画面空间感、形体刻画等方面的要求加强学生对画面的整体控制能力，强调画面整体和谐统一，具有较强视觉效果。	学生在面对创意类和创作考试题目时，会解读要求，有一套正确的入手及表现方法，能够较有创意地体现出题目所要求的内容本质。 表现有新意，塑造扎实、生动，有说服力。
15 16 17 18 19 20	综合练习阶段：静物素描写生与默写，人物头像写生与默写，半身像写生，色彩静物写生与默写，色彩头像	短期训练。培养学生在2-3小时内完成画面的能力。根据学生目标予以多种内容的复习训练。短期作业无论写生或默写均要求关系准确，塑造结实，画面整体准确生动、响亮。 速写以半写生、半默写形式进行训练，具体要求基本同前。辅以命题速写内容，为创作积累素材。	学生能够根据考试的要求高质量地完成短期作业。各个方面都能够较好地体现出扎实稳定的专业素养。
21	期末考试	联考、校考。	

第二节 教学活动

《国家中长期教育改革和发展规划纲要(2010—2020年)》提出深化教育体制改革，关键是更新教育观念，核心是改革人才培养体制，目的是提高人才培养水平。树立全面发展观念，努力造就德智体美全面发展的高素质人才。树立人人成才观念，面向全体学生，促进学生成长成才。树立多样化人才观念，尊重个人选择，鼓励个性发展，不拘一格培养人才。首届高中美术课程创新班从一开始，就立意高远，怀揣大师之梦，走出去，请进来，其主旨在于此。

美术教育，需要直观教学。千言万语，不如现场示范。名师点拨，可以让学生茅塞顿开。三年来，学生们聆听专家教授谈经论道，观摩艺术大师挥毫泼彩，不经意间，懵懂顽童蝶化为艺术追梦人。三年来，学生们常常走出校园，行走在山水之间，进行社会实践与写生采风，与青春做伴，与时代同步，或色彩典雅，或用笔沉稳，或构图奇肆，或立意深远……

"暮春者，春服既成，冠者五六人，童子六七人，浴乎沂，风乎舞雩，咏而归"，我们的美术教育应当如此，审美而诗意……

2015年6月，李国柱校长向教育部基础教育二司刘昌亚副司长详细介绍首届美术创新班教学情况。

　　2014 年 2 月 26 日，株洲市政府毛朝晖副市长（左四）、株洲市教育局钟燕局长（右二）来到株洲市第十八中学考察美术特色学校办学情况。

　　2011 年 3 月 19 日，湖南省教育厅葛建中副厅长（左一）、株洲市教育局钟燕局长（左二）来到株洲市第十八中学考察美术特色学校办学。

　　2014 年 12 月 11 日，著名油画家、湖南师范大学曲湘建教授在株洲市第十八中学指导美术特色教育，为美术创新班全体学生现场示范素描半身带手，并进行模拟考试阅卷、试卷讲评，以及美术讲座。

　　2014 年 12 月，国家教委公派俄罗斯列宾美术学院和莫斯科国立师范大学访问学者、湖南师范大学杨志坚教授在株洲市第十八中学讲学，并为课程创新班学生做油画肖像示范。

　　2014 年 11 月，湖南师范大学欧涛教授在株洲市第十八中学讲学，并为课程创新班学生做素描肖像示范。

2013 年 12 月 26 日，李国柱校长视察美术教学。

2013 年 11 月，美术创新班学生在岳阳张谷英村进行为期 5 天的社会实践与采风写生。

2013 年 8 月 14 日，受清华大学美术学院委派，杜红宇教授来到株洲市第十八中学进行为期 4 天的系列讲学。

2013 年 6 月，意大利那不勒斯艺术学院 FABIO DONATO 教授和 FRACO MARINO 教授在株洲市第十八中学讲学。

2013 年 5 月 31 日，李国柱校长（右二）、李志华副校长（左二）等一行到清华大学拜访鲁晓波院长（中）并合影。

2013 年 5 月 31 日，李国柱校长、李志华副校长与清华大学鲁晓波院长交流创新型人才培养。

2013 年 5 月 19 日，美术创新班学生在神农湖采风写生。

2013 年 5 月 14 日，首都师范大学博士生导师尹少淳教授参观了学校美术特色教育实践课堂，并即兴写下"潇湘第一、建宁藏龙"。

2013年4月20日，国家级雕塑大师、文化部特派援非学者陈卓明教授在株洲市第十八中学讲学。

2012年7月15日，株洲市第十八中学首届高中美术创新班学生参观南湖革命纪念馆。

2012 年 7 月 10 至 15 日，株洲市第十八中学首届高中美术课程创新班学生赴江南水乡浙江西塘进行为期 6 天的风景写生。

2012 年 7 月 9 日，株洲市第十八中学首届高中美术课程创新班学生在浙江省美术馆参观学习。

后记

思路决定出路，理念决定高度。株洲市第十八中学首届美术创新班自创办之初，就明确了"课程引领，育人为先"的教学理念，按照艺术规律教学，分类分层选课与走课并行，文化与专业兼顾，采用"4+1"的教学方式，确立了培养具有创新思维和创造能力的大师级人才的培养目标。

由株洲市美术学科带头人李志华副校长领衔的首届高中美术课程创新班教学团队在整个教学过程中，围绕着这个目标颇具创造性地进行教学。

第一，创新教学方法，运用发现式教学法，不断总结教学经验，带动专业教学的发展。如引导学生在作画之前，如何发现对象的美；作画过程中，如何发现表现的规律；作品完成后，如何寻找自己和同学或大师作品的差距。以教研助教学，启用发现式教学法，引导学生善于发现问题，寻找解决问题的方法，培养学生主动解决问题的能力，提高学生的美术素养和文化素养。

第二，创新教学思路，设置专业教学"三维"目标。深度指理念要有深度，专业认同深。宽度指知识要有宽度，课程设置宽广。高度指思想要有高度，专业水准和品位较高。

第三，创新课程设置，从设计入手，开展专业教学。以设计理念贯穿整个专业教学，着重培养学生的设计意识，提高学生的审美素养。重视写生，在教学中加大写生的比重，通过必要的写生教学，培养学生的观察能力和表现能力。拓展教学内容，丰富教学方式，培养学生持久的专业兴趣与爱好。

第四，创新教学模式，以教研促教学，通过教学研讨，促进教学发展。做好教学计划、课程设计以及教学总结，加强资料的整理与收集。加强教学研讨，创新教学方法，提高教学效率，提升学生专业水平。优等生提质，中等生跟进，无基础同学的专业水平大幅度提高，改善当前学生专业水平的发展结构关系。

第五，创新班级管理，充分发挥班干部的作用，强化班级管理。注重良好的日常行为习惯的养成。加强与级部和文化教师的沟通。把励志教育作为常态，常抓不懈。

"筚路蓝缕，以启山林。"在三年的艰苦教学过程中，株洲市第十八中学高中美术课程创新班教学团队，以"金字塔"式的课程模式从高一至高三逐步逐层推进高中美术课程教学，按照"圆锥互套"的教学模式进行课程设置，把高中美术课程设计为美术通识课程、美术基础课程（造型基础课程、设计基础课程）、美术高考课程，从学生兴趣与爱好入手，设置知识宽度，提升知识高度，注重知识运用，优化课程配置，设计精品课程，全方位、全路径开发学生潜质。秉承行动教学之原则，用感受式训练、限制式训练、研究性训练、探究式训练的方式对学生进行训练，既重艺术感受，又重造型能力的提升，既重技法磨炼，又重人文素养的养成，为学生的终身学习立意，为学生未来的艺术发展奠基。

本书《设计素描》由谭黛老师执笔，《设计色彩》由王正鑫执笔，《命题速写》由付鑫琪执笔，《设计基础》由林子执笔。本书中的习作为株洲市第十八中学首届创新实验班的课堂作业。本书在编辑过程中，得到了省市领导和学校的关注和支持。在此，一并表示衷心的感谢！

由于时间仓促，水平有限，不足之处恭请各位读者与专家不吝赐教。

2015 年 7 月